# *Golf*

## Die ersten
## Lektionen

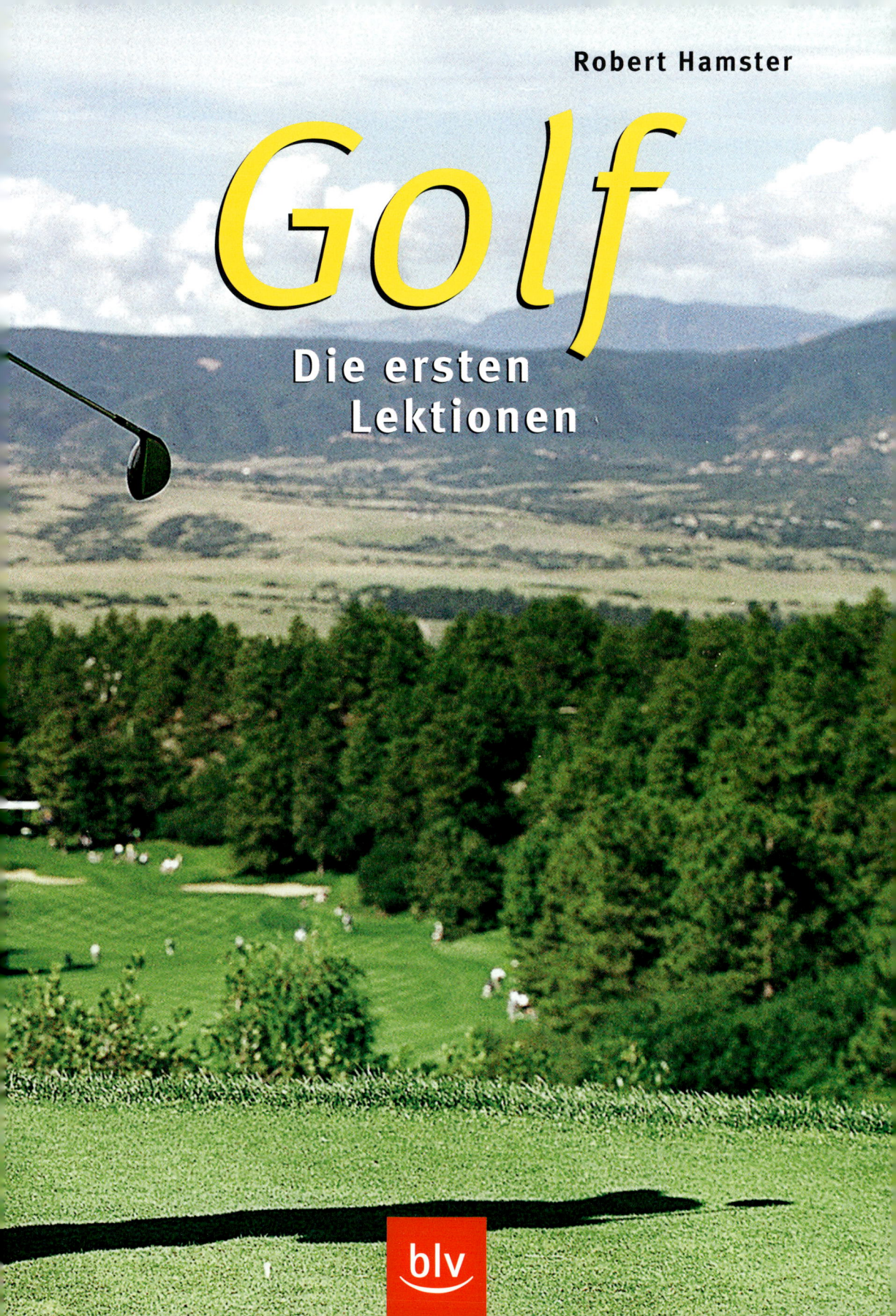

# Inhalt

# Einführung

# Golf – ein faszinierender Sport

Immer mehr Menschen entdecken das Golfspiel als eine Möglichkeit, in Gesellschaft anderer die frische Luft und die schöne Umgebung zu genießen, sich dabei körperlich und geistig fit zu halten und den Alltagsstress hinter sich zu lassen. Allzu oft können sich diese Menschen schon nach den ersten Versuchen der Faszination dieses Sports nicht mehr entziehen. Jeder gelungene Schlag bereitet ihnen ein unbeschreibliches Vergnügen und lässt in ihnen den Ehrgeiz erwachen, ihr Spiel zu verbessern.

Golf ist ein Sport für jede Altersklasse. Schon die ganz Jungen lernen spielerisch den Umgang mit Schläger und Ball. Aber auch viele Senioren entscheiden sich – manchmal erst im hohen Alter – für diesen Sport, der sich wie kaum ein anderer den individuellen körperlichen Voraussetzungen des Spielers anpassen lässt.

Dieses Lehrbuch will allen Interessierten einen ersten Einstieg in den Golfsport geben. Neben einigen allgemeinen Erläuterungen zum Spiel, zum Aufbau einer Golfanlage und zur Ausrüstung enthält es wichtige Hinweise zum Verhalten auf dem Platz und auf den Übungsanlagen. Im Hauptteil werden sämtliche Grundschläge anhand von Bildern und grafischen Darstellungen ausführlich erläutert. Zusätzlich finden Sie in jeder Lektion praktische Übungen, mit denen Sie das Erlernte vertiefen können. Die Übungen sollen Ihnen helfen, ein Gefühl für einzelne Bewegungselemente zu entwickeln. Das ist neben den visuellen Eindrücken durch Bilder für einen erfolgreichen Lernprozess außerordentlich wichtig. Durch häufiges Wiederholen der Übungen werden Sie die Bewegung bald verinnerlichen.

Die Reihenfolge der Lehreinheiten berücksichtigt eines der grundlegenden Unterrichtsprinzipien, wonach kleine Bewegungen leichter zu erlernen sind als große. Sie werden deshalb in diesem Lehrbuch Schritt für Schritt von sehr einfachen zu recht komplexen Bewegungsabläufen geführt. Auf diese Weise werden Sie schon früh erste Erfolgserlebnisse haben, die Sie zum Weitermachen anspornen.

Diese Vorgehensweise hat aber noch einen weiteren großen Vorteil: Sie legen mit jeder Lektion wichtige Grundsteine auf Ihrem Weg zum vollen Schwung. Wenn Sie die vorgegebene Reihenfolge einhalten und jeweils erst dann zum nächsten Kapitel übergehen, sobald Sie die vorangegangene Technik beherrschen, können Sie auf Bekanntes zurückgreifen und müssen sich nur noch auf die neu hinzukommenden Elemente konzentrieren.

Dem fortgeschrittenen Anfänger bietet das Lehrbuch die Möglichkeit, alle Technikelemente zu wiederholen und eigene Schwächen aufzuspüren. Durch gezieltes Training einzelner Elemente lassen sich die Bewegungen nach und nach verbessern.

Bevor wir mit den ersten Lektionen beginnen, finden Sie im Folgenden einige allgemeine Erläuterungen zum Spiel, zum Aufbau einer Golfanlage, zur Kleidung, zur Golfausrüstung und zu den Grundschlägen. Die meisten Fachausdrücke stammen aus dem Englischen. Das erklärt sich durch die Tatsache, dass die Ursprünge des Sports, wie wir ihn heute kennen, in Schottland liegen.

# Das Spiel

Golf ist eine Schlagsportart. Ziel des Spieles ist, einen kleinen Ball auf verschiedenen Spielbahnen mit möglichst wenig Schlägen von einem festgelegten Ausgangspunkt (Abschlag) aus über verschiedene Hindernisse hinweg in ein Loch zu befördern. Wie bei jeder Sportart müssen dabei bestimmte Regeln beachtet werden. Das Regelwerk des Golfsports ist sehr umfangreich. Es kann deshalb in diesem Lehrbuch, das den Schwerpunkt auf die Bewegungstechnik legt, nicht im Einzelnen behandelt werden. Im Fachhandel sind Regelbücher in verschiedenen Ausfertigungen erhältlich. Die Anschaffung eines solchen Buches hat jedoch Zeit, bis Sie die für das Spiel auf dem Platz erforderliche Spielstärke erreicht haben.

Bei einer Turnierrunde werden 18 Bahnen gespielt. Die einzelnen Bahnen werden im Allgemeinen als Löcher bezeichnet. Die meisten Golfanlagen haben einen 18-Loch-Platz. Auf manchen kleineren Anlagen befindet sich nur ein 9-Loch-Platz, der bei einem Turnier zweimal umrundet wird. Einige Anlagen verfügen zusätzlich über einen Kurzplatz. Dort können Anfänger auf verkürzten Bahnen das Spiel auf dem Platz kennen lernen. Dem geübten Spieler bietet der Kurzplatz eine zusätzliche Trainingsmöglichkeit.

## Aufbau eines Lochs

Der Aufbau einer Bahn oder eines Lochs lässt sich folgendermaßen beschreiben:
➤ Am Anfang eines jeden Lochs befindet sich der **Abschlag.** Auf dieser kurz gemäh-

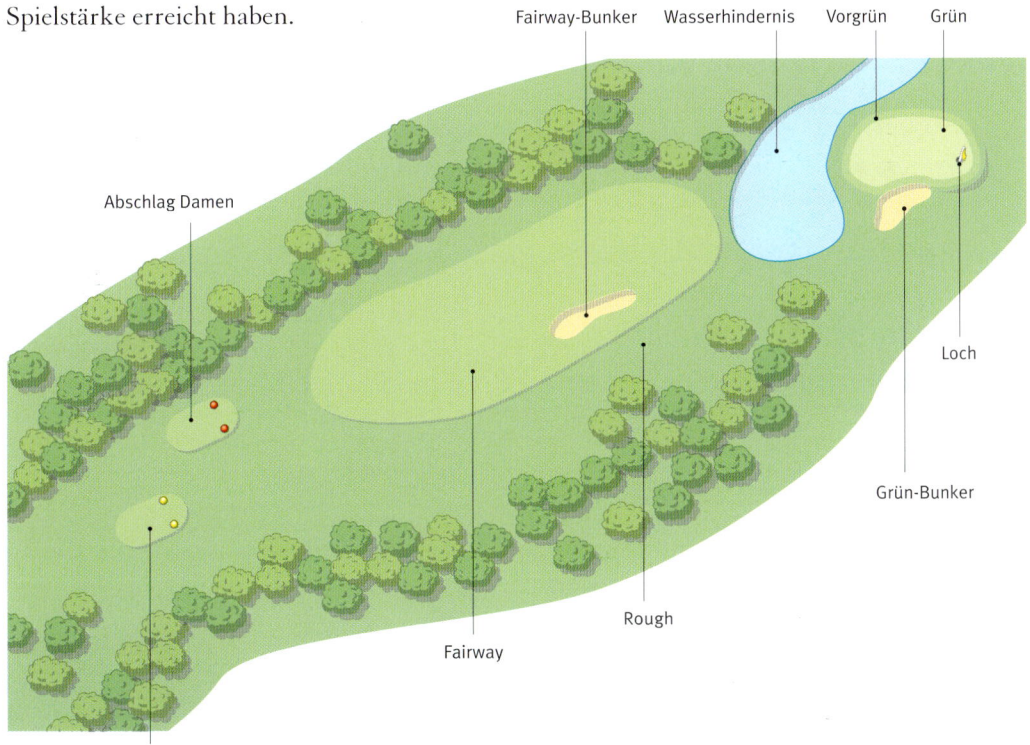

Fairway-Bunker  Wasserhindernis  Vorgrün  Grün

Abschlag Damen

Loch

Grün-Bunker

Rough

Fairway

Abschlag Herren

ten Rasenfläche wird der erste Schlag ausgeführt. Klötze oder Kugeln auf der rechten und der linken Seite des Abschlags markieren die Linie, hinter der sich der Ball beim ersten Schlag befinden muss. Die Herrenabschläge sind grundsätzlich weiter vom Loch entfernt als die Damenabschläge. Durch die vorgelagerten Abschläge verkürzt sich die Gesamtlänge auf 18 Löchern für die Damen um etwa 12 Prozent.

➤ Die Spielbahn wird als **Fairway** bezeichnet. Auch dort ist der Rasen kurz gemäht. Links und rechts neben den Fairways befindet sich das so genannte **Rough.** Dort wird der Rasen weniger häufig und weniger kurz gemäht. Schläge aus dem Rough sind schwerer auszuführen als Schläge vom Fairway. Der Spieler, der das Fairway verfehlt hat, wird durch diese schwierige Ausgangsposition für seinen vorangegangenen Schlag »bestraft«.

➤ Das mit einer Fahne gekennzeichnete Loch befindet sich auf dem **Grün.** Dabei handelt es sich um eine besonders kurz gemähte und sorgfältig gepflegte Rasenfläche.

➤ Auf dem Weg zum Loch müssen verschiedene **Hindernisse** umgangen oder überwunden werden. Zu nennen sind vor allem Wasserhindernisse und Sandhindernisse (Bunker). Bei den Bunkern unterscheidet man je nach ihrer Lage Fairway- und Grün-Bunker. Die Fairway-Bunker liegen in oder an den Spielbahnen. Sie haben die Aufgabe, die nicht exakt auf dem Fairway platzierten Bälle zu »fangen« und die Spielsituation für den folgenden Schlag zu erschweren. Gleiches gilt für die um das Grün herum gelegenen Bunker: Sie »bewachen« das Grün.

Die einzelnen Löcher sind in der Regel 80 bis 580 Meter lang. Je nach Länge der Bahnen wird zwischen einem **Par 3** (Herren: bis 228 Meter; Damen: bis 201 Meter), einem **Par 4** (Herren: bis 434 Meter; Damen: bis 382 Meter) und einem **Par 5** (Herren: ab 435 Meter; Damen: ab 383 Meter) unterschieden. Par ist die Abkürzung für »**P**rofessional **A**verage **R**esult« und bezeichnet das Durchschnittsergebnis eines Golfprofis. Ein Golfprofi wird üblicherweise »Pro« genannt; das ist die Kurzform von Professional. Auf einem Par 3 benötigt ein Pro also im Durchschnitt drei Schläge, auf einem Par 4 vier und auf einem Par 5 fünf Schläge. Erreicht ein Spieler dieses Durchschnittsergebnis, hat er das Loch mit »Par« abgeschlossen. Bleibt er einen Schlag unter Par, hat er ein »**Birdie**« erzielt. Bei einem Schlag über Par spricht man von einem »**Bogey**«. Weitere Bezeichnungen für einzelne erspielte Ergebnisse lauten folgendermaßen:

| − 3 | − 2 | − 1 | PAR | + 1 | + 2 | + 3 |
|---|---|---|---|---|---|---|
| Albatross | Eagle | Birdie | | Bogey | Double Bogey | Triple Bogey |

Bei hochrangigen Wettkämpfen entscheidet grundsätzlich die erreichte Schlagzahl. Der Spieler mit den wenigsten Schlägen gewinnt. Es gibt aber auch unzählige Freizeitturniere, die die Golfclubs für ihre Mitglieder und für Gäste ausrichten. Bei diesen Turnieren treten Spieler unterschiedlichster Spielklassen an. Würde auch dort die Schlagzahl entscheiden, gäbe es immer die gleichen Sieger und schwächere Spieler würden bald die Lust verlieren. Um die Ergebnisse aller Spieler vergleichbar zu machen, führen die Golfclubs so genannte **Stammvorgaben** ihrer Mitglieder. Die Stammvorgaben werden auf der Grundlage der zuletzt erspielten Turnierergebnisse nach einem komplizierten System errechnet und laufend aktualisiert. Sie drücken die Spielstärke eines Golfspielers aus und werden mit Zahlen von –54 und höher bezeichnet. Die so genannten **Clubvorgaben** reichen von –54 bis –37. Ab –36 spricht man von einem **Handicap.** Die Zählung des Handicaps hört nicht etwa bei Null auf; denkbar ist auch ein positives Handicap.

Ein Spieler mit einem Handicap von Null kann eine Runde durchschnittlich mit Par abschließen. Ein Handicap –36 zeigt an, dass der Spieler durchschnittlich 36 Schläge über Par benötigt. Bei einem Turnier tritt der Spieler mit der für ihn ermittelten Vorgabe an. Ein Minus-Handicap wird von der erreichten Schlagzahl abgezogen und ein Plus-Handicap hinzugerechnet. Erst dann werden die Ergebnisse der Teilnehmer verglichen. Folgendes Beispiel soll Ihnen den Effekt verdeutlichen:
Spieler A mit Handicap –20 schließt eine Runde mit einer Schlagzahl von 100 ab. Sein spielstärkerer Mitspieler B mit Handicap –10 hat nur 92 Schläge benötigt. Vergleicht man die Anzahl der benötigten Schläge (Brutto-Ergebnis), gewinnt Spieler B. Setzt man die erspielten Ergebnisse aber in Relation zum Handicap, gewinnt Spieler A. Von seiner erreichten Schlagzahl (100) wird das Handicap (–20) abgezogen. Sein Netto-Ergebnis lautet demnach 80 im Gegensatz zu 82 bei Spieler B (Schlagzahl 92 – 10).

| Loch | CR 71,9 Slope 124 Herren | CR 73,5 Slope 124 Damen | CR 69,8 Slope 121 Herren | CR 70,8 Slope 122 Damen | Par | Hcp. | Spieler | Zähler |
|---|---|---|---|---|---|---|---|---|
| 1 | 352 | 325 | 336 | 302 | 4 | 13 | 6 | |
| 2 | 197 | 171 | 171 | 153 | 3 | 9 | 4 | |
| 3 | 361 | 327 | 333 | 315 | 4 | 15 | 5 | |
| 4 | 136 | 123 | 136 | 123 | 3 | 17 | 4 | |
| 5 | 529 | 498 | 513 | 467 | 5 | 5 | 7 | |
| 6 | 338 | 317 | 327 | 300 | 4 | 11 | 6 | |
| 7 | 506 | 430 | 467 | 402 | 5 | 3 | 5 | |
| 8 | 422 | 366 | 378 | 327 | 4 | 7 | 5 | |
| 9 | 455 | 379 | 413 | 343 | 4 | 1 | 6 | |
| 1-9 | 3296 | 2936 | 3074 | 2732 | 36 | Out | 48 | |
| 10 | 324 | 275 | 303 | 249 | 4 | 8 | 4 | |
| 11 | 472 | 392 | 459 | 379 | 5 | 12 | 6 | |
| 12 | 196 | 159 | 172 | 139 | 3 | 2 | 3 | |
| 13 | 405 | 344 | 373 | 300 | 4 | 6 | 6 | |
| 14 | 389 | 345 | 359 | 326 | 4 | 10 | 5 | |
| 15 | 162 | 135 | 147 | 121 | 3 | 18 | 4 | |
| 16 | 438 | 351 | 418 | 351 | 5 | 16 | 7 | |
| 17 | 168 | 138 | 153 | 118 | 3 | 4 | 4 | |
| 18 | 483 | 442 | 464 | 420 | 5 | 14 | 5 | |
| 10-18 | 3037 | 2581 | 2848 | 2393 | 36 | Home | 44 | |
| 1-9 | 3296 | 2936 | 3074 | 2732 | 36 | Out | 48 | |
| 1-18 | 6333 | 5517 | 5922 | 5135 | 72 | Total | (92) | |
| Vorg. | | | | | | | 20 | |
| Netto | | | | | | | 72 | |
| Zähler Hans Maier | | | Spieler Peter Huber | | | | bestätigt/geprüft | |

Jeder Spieler besitzt eine Scorekarte (Zählkarte). Bei einem Turnier trägt der Mitspieler (Zähler) nach jedem gespielten Loch die Schlagzahl des Spielers ein. Bevor sie bei der Turnierleitung abgegeben wird, müssen Spieler und Zähler die Scorekarte unterschreiben.

## Die Übungsanlagen

Fast jeder Golfclub verfügt über Übungsanlagen. Dort können sich die Spieler vor dem Spiel einschlagen. Vor allem aber dienen die Übungsanlagen als Trainingsstätte. Anfänger werden dort ihre ersten Lektionen lernen. Diese Anlagen bestehen aus der **Driving Range** und mehreren **Übungsgrüns.** Auf der Driving Range können lange Schläge trainiert werden. Übungsbälle erhalten Sie aus den dort aufgestellten Ballautomaten. Kürzere Schläge, die den Ball auf das Grün und nahe zum Loch bringen sollen, können am **Annäherungs-** oder **Pitchinggrün** geübt werden. Dort befindet sich meist auch ein **Übungsbunker** zum Trainieren der Schläge aus dem Sand. Auf dem **Puttinggrün** finden Sie mehrere Übungslöcher, an denen Sie das Einlochen aus geringen Entfernungen trainieren können.

## Tipp

In der Regel sind die Übungsanlagen gegen eine geringe Tagesgebühr (Rangefee) auch für Gäste zugänglich. Die meisten Golfclubs bieten Leihschläger an und veranstalten Schnupperkurse. Unterrichtsstunden bei einem Golflehrer (Pro) können auch von Gästen gebucht werden. Erst für das Spielen auf dem Platz ist die so genannte Platzreife und gegebenenfalls eine Mitgliedschaft erforderlich.

Im Folgenden werden einige Hinweise zur Nutzung der Übungsanlagen gegeben:

➤ Melden Sie sich im Sekretariat des Golfclubs an, bevor Sie die Übungsanlagen benutzen. Dort erhalten Sie auch so genannte **Token** oder entsprechende Münzen, die für die Ballmaschine der Übungsanlage notwendig sind.

➤ Beim Üben auf der Driving Range sollten Sie immer auf gleicher Höhe mit allen anderen Spielern stehen. Bei misslungenen Schlägen starten die Bälle mitunter in einem Winkel von fast 90° zur Ziellinie. Personen, die vor dem Schlagenden stehen, wären ernsthaft gefährdet. Gehen Sie deshalb auf der Driving Range auch nie einen Schritt nach vorn, um etwa ein Tee (kleiner Holzstift, auf dem der Ball aufgesetzt wird) oder einen Ball aufzuheben.

➤ Die Golfanlage erzielt einen Teil ihrer Einnahmen aus den Gebühren für die Nutzung der Übungsbälle **(Rangebälle)**. Es ist deshalb nicht gestattet, Bälle von der Driving Range aufzusammeln. Dieses Verbot sollten Sie schon zu Ihrer eigenen Sicherheit beherzigen.

➤ Die besonders gekennzeichneten Rangebälle sind Eigentum der Anlage und dürfen weder mit nach Hause genommen noch auf dem Platz verwendet werden.

➤ Manchmal kommt es vor, dass sich die Verbindung zwischen Schlägerschaft und Schlägerkopf löst. Probe- oder Übungsschwünge sollten Sie deshalb nie in Richtung anderer Personen ausführen. Diese könnten außerdem durch Rasenteile oder Steine getroffen werden.

➤ Auf dem Pitchinggrün dürfen und sollen die Bälle aufgesammelt werden. Zahllos herumliegende Bälle würden die nachfolgenden Spieler in ihren Übungen stören. Aus Sicherheitsgründen sollten Sie sich aber immer mit den anderen Übenden absprechen, bevor Sie Bälle einsammeln. Auch bei der Wahl Ihres Übungsstandorts sollten Sie jegliche Gefährdung für sich und andere Spieler ausschließen.

➤ Übungen auf dem Puttinggrün werden mit den eigenen Bällen und nicht mit Rangebällen ausgeführt.

➤ Vermeiden Sie jede unnötige Belastung des sorgfältig gepflegten Rasens. Heben Sie die Füße und stützen Sie sich nicht auf Ihren Schläger. Achten Sie darauf, die Lochränder beim Entnehmen und Einsetzen der Fähnchen nicht zu beschädigen.

## Die Kleidung

Ihre Kleidung sollte bequem und funktionell sein sowie ausreichend Bewegungsfreiheit bieten. Üblich sind Polo-Hemden und lange Bundfaltenhosen oder Bermudas. Blue Jeans sind auf Golfanlagen nicht gern gesehen. Verzichten sollten Sie auf Shorts, Trainingsanzüge, Badekleidung und schulterfreie Tops. Spezielle Golfschuhe sind erwünscht. Bei Ihren ersten Versuchen sind Turnschuhe aber völlig ausreichend.

## Die Ausrüstung

### Schlägersatz

Nach den Golfregeln darf ein Spieler maximal 14 Schläger mit auf eine Turnierrunde nehmen. Für manchen Golf-Einsteiger

erscheint diese Vielzahl von Schlägern vielleicht übertrieben, aber die Profis würden liebend gern ein paar Schläger mehr einpacken. Das hat einen einfachen Grund: Der Spieler kann mit der Wahl seines Schlägers die Flugbahn und das Rollverhalten des Balls bestimmen. Er muss also nicht bei jedem Schlag seine Schwungbewegung verändern, sondern wird je nach Lage des Balls und Entfernung zum Loch einfach einen passenden Schläger wählen. Die Schläger unterscheiden sich

• in der Länge des Schafts,
• in der Art des Schlägerkopfes und
• im Neigungswinkel der Schlagfläche (Loft).

Die nachfolgende Grafik zeigt den Aufbau eines Schlägers und die Bezeichnung einzelner Bauteile.

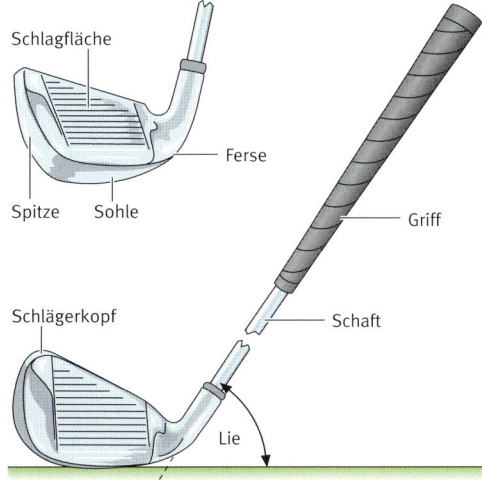

Aufbau eines Golfschlägers

### Der Putter

Er wird immer dann verwendet, wenn der Ball nur rollen soll. Das wird in der Regel der Fall sein, wenn sich der Ball bereits auf dem Grün befindet. Da der aus großer Ent-

1 Putter

2 Eisen 1–9, Pitching Wedge, Sandwegde, Lob Wedge

fernung geschlagene Ball nur selten unmittelbar ins Loch geht, kommt der Putter auf jeder Bahn mindestens ein- bis zweimal zum Einsatz. Er ist somit der am häufigsten benutzte Schläger und sollte deshalb beim Kauf sorgfältig ausgesucht werden.

**Die Eisen**

Die verschiedenen Eisen unterscheiden sich in der Länge des Schafts und dem Loft (Neigungswinkel der Schlagfläche). Das Eisen mit dem längsten Schaft und dem geringsten Loft wird als Eisen 1 bezeichnet. Mit steigender Nummer nimmt die Länge des Schaftes ab und der Loft zu: Das Eisen 9 hat den kürzesten Schaft und den größten Loft. Ein längerer Schaft vergrößert die Hebelwirkung. Dadurch können größere Weiten erreicht werden. Ein geringerer Loft führt zu einer flacheren Flugbahn. Dadurch wird der Ball länger ausrollen. Die längeren Eisen (1–5) werden also für längere Distanzen, die kürzeren Eisen (6–9) für kürzere Distanzen verwendet.

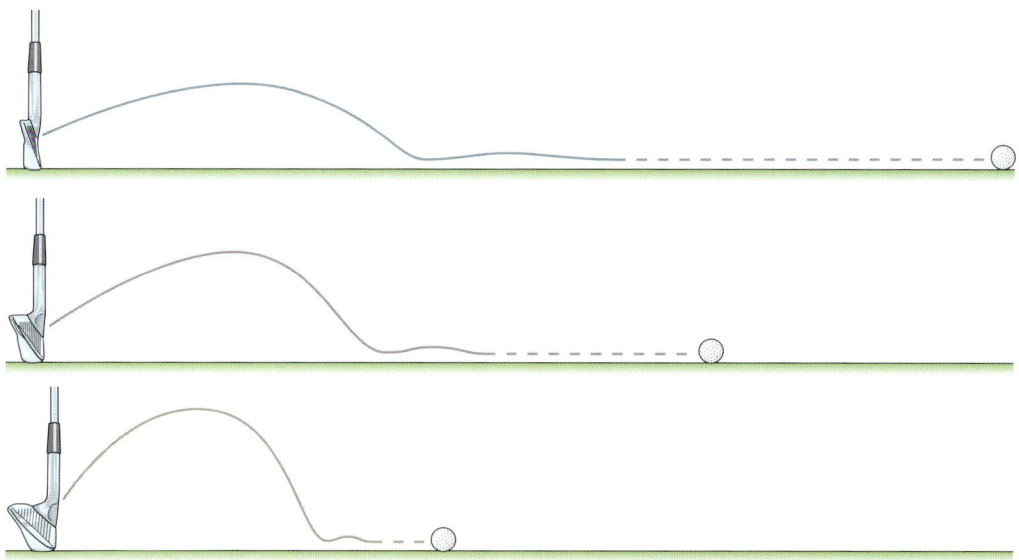

Die unterschiedlich starke Neigung der Schlagfläche wirkt sich auf die Flugbahn und das Rollverhalten des Balls aus

Zu den Eisen zählen auch die so genannten **Wedges**. Diese kurzen Eisen werden in der Regel für die Annäherungsschläge aus geringeren Entfernungen zum Loch verwendet. Eine Besonderheit liegt in der starken Neigung der Schlagfläche, die den Ball sehr hoch fliegen und nach der Landung auf dem Grün nur kurz ausrollen lässt. Das **Pitching Wedge** und das **Sand Wedge** sind üblicherweise in jeder Golftasche zu finden. Im Vergleich zum Eisen 9 hat das Pitching Wedge einen etwas kürzeren Schaft und mehr Loft (circa 48°). Das Sand Wedge ist noch kürzer, hat noch mehr Loft (circa 56°) und erleichtert durch eine spezielle Sohlenkonstruktion den Schlag aus dem Sandhindernis. Erfahrene Spieler ergänzen je nach Bedarf ihr Set mit zusätzlichen Wedges. Es gibt das Mittel-, Gap-, oder Approach Wedge (drei verschiedene Bezeichnungen für den selben Schläger) mit einem Loft von circa 52° und das Lob Wedge, das mit circa 60° einen extrem starken Neigungswinkel aufweist. Die hier angegebenen Gradzahlen können je nach Hersteller und Modell geringfügig voneinander abweichen.

**Die Hölzer**
Die größten Weiten werden mit den Hölzern erreicht. Die Bezeichnung geht darauf zurück, dass die Köpfe dieser Schläger früher ausschließlich aus Holz gefertigt waren. Seit einigen Jahren können sie aber auch aus leichtem Metall hergestellt werden, ohne dass der Schläger dadurch zu schwer wird. Wegen des höheren Spielkomforts der so genannten Metallhölzer wird der ursprüngliche Holzkopf kaum noch verwendet. Die Hölzer unterscheiden sich von den Eisen durch den größeren und ovalen Schlägerkopf, aber auch durch längere Schäfte. Wie die Eisen werden die Hölzer nummeriert. Das

3 Hölzer 1, 3 und 5

**Der Schlägerkopf**

Bei den Puttern gibt es unzählig viele verschiedene Arten von Schlägerköpfen. Sie sind alle für jede Spielstärke geeignet. Vor dem Kauf sollten Sie den Schläger unbedingt testen. Wichtig ist, dass Sie gut mit dem Schläger zielen können. Achten Sie außerdem auf ein passendes Gewicht und ein angenehmes Gefühl im Treffmoment. Auch das Design sollte Ihnen zusagen. Bei den Eisen gibt es zwei verschiedene Arten von Schlägerköpfen: Der »Klassische Kopf« (Blade) erfordert ein sehr präzises Treffen, lässt aber den Flug des Balls besonders gut kontrollieren. Das können allerdings nur wirklich gute Spieler spüren und ausnützen. Der »spielunterstützende Kopf« (Cavity back, heel and toe Design) hat den Vorteil, dass sich auch bei nicht exakt getroffenen Schlägen noch gute Ergebnisse erzielen lassen. Er ist insbesondere für den Freizeitspieler zu empfehlen. Aufgrund der steigenden Qualität wird dieses Design auch zunehmend von Profis verwendet.

Holz 1, auch als Driver bezeichnet, ist der längste Schläger in einem Schlägersatz. Er wird in der Regel ausschließlich für den Abschlag (erster Schlag auf einer Bahn) verwendet. Das hat einen einfachen Grund: Nur auf den Abschlägen darf der Ball von einem Tee (kleiner Holzstift) gespielt werden. Und vom Boden können nur wenige Spieler den Ball mit einem Driver schlagen. Der geringe Loft des Drivers macht es sehr schwer, einen am Boden liegenden Ball steigen zu lassen. Die anderen Hölzer kommen auch bei Schlägen vom Fairway zum Einsatz und werden deshalb als Fairwayhölzer bezeichnet.

4 Blade und Cavity back

Die größte Entwicklung hat bei den Schlägerköpfen der Hölzer stattgefunden: Wie bereits
erwähnt werden aus Holz gefertigte Schläger-
köpfe kaum noch verwendet, da Metallköpfe
eine höhere Fehlertoleranz aufweisen und
sich günstig auf die Länge der Schläge auswirken. Mittlerweile werden verschiedene
Arten von Metall erfolgreich verarbeitet. Die
Auswahl muss letztlich individuell getroffen
werden.

### Die Schlägerschäfte

Dic Schlägerschäfte unterscheiden sich in
ihrer Länge, ihrer Flexibilität und im verwendeten Material. Je nach Körpergröße,
Körperproportion und Spielstärke sind bestimmte Schäfte geeignet oder weniger geeignet. Beim Putter kommt es auf die richtige
Länge an, die durch Ausprobieren leicht zu
ermitteln ist. Außerdem muss der Lie auf
den Spieler abgestimmt sein. Der Begriff
»Lie« bezeichnet bei einer plan auf den Boden aufliegenden Schlägerkopfsohle den
Winkel zwischen Schlägerschaft und Boden
(siehe Grafik Seite 13). Nur bei einem passenden Lie kann der Spieler die korrekte
Haltung einnehmen und zugleich den Schläger richtig auf den Boden aufsetzen.
Bei den Eisen und Hölzern müssen nicht
nur die passende Länge des Schafts und der
richtige Lie ermittelt werden. Zusätzlich ist
die Flexibilität des Schafts entscheidend.
Der Schlägerschaft soll sich während des
Schwungs weder zu stark noch zu wenig
verbiegen. Generell gilt: Je schneller ein
Spieler den Schläger bewegt, umso steifere
Schäfte sollte er verwenden, und umgekehrt.
Die Schlägerschäfte werden aus Stahl oder
Graphit hergestellt. Graphitschäfte haben
gegenüber Stahlschäften weniger Gewicht.

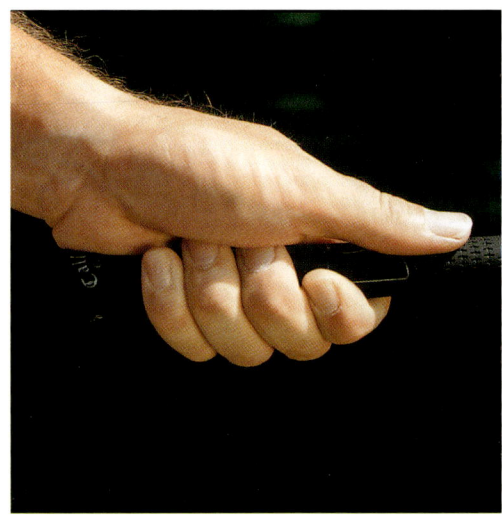

**5** Griffstärke

Die Wahl des Materials hängt vor allem von
der individuellen Konstitution des Spielers
ab. Vor einem Kauf sollten Sie sich von einem
Fachmann, am besten von Ihrem Golflehrer,
beraten lassen.

### Die Griffe

Für die Griffe werden Materialien wie
Gummi, Kord oder Leder verwendet. Die
Auswahl sollten Sie danach treffen, welches
Material Ihnen am angenehmsten ist. Die
Griffstärke ist abhängig von der Größe der
Hand beziehungsweise der Länge der Finger.
Wenn Sie den Schläger als Rechtshänder mit
der linken Hand greifen, sollten die Finger-
kuppen gerade den Daumenballen berühren.

## Golfbälle

Golfbälle gibt es in unterschiedlichen Kon-
struktionen. Es würde den Rahmen dieses
Lehrbuchs sprengen, den Aufbau im Einzelnen zu beschreiben.

Grundsätzlich sollten Anfänger und Spieler mittlerer Spielstärke Golfbälle mit der Bezeichnung »Distance« oder »Low Spin« verwenden. Solche Bälle sind für einen weiten Flug ausgerichtet. Da sie zudem weniger Drall annehmen, ist ein kurvenfreier Ballflug leichter zu erreichen. Die »Distance«- beziehungsweise »Low Spin«-Bälle sind nicht nur preiswerter, sondern auch geeigneter für den Freizeitspieler.

Die »Balata«- und »High Spin«-Bälle entwickeln mehr Drall und erreichen nicht ganz so große Flugweiten.

Sehr gute Spieler, die den Ball ohnehin weit schlagen, können aufgrund des höheren Dralls die Flugrichtung des Balls besser kontrollieren und ihn nach der Landung weniger ausrollen lassen.

## Golftasche

Golftaschen (Golfbags) gibt es in unterschiedlichen Materialien und Größen. Die großen Lederbags haben einen Durchmesser von $8 \frac{1}{2} - 11$ Inch (1 Inch = 2,54 cm). Sie bieten nicht nur viel Platz für die Schläger, es steht auch mehr Stauraum für Kleidung, Getränke, Snacks und sonstige Utensilien zur Verfügung. Aufgrund ihres doch hohen Gewichts sollten sie nur mit einem Trolly (Handwagen) befördert werden. Die so genannten Tragebags haben meist einen Durchmesser von $7 \frac{1}{2} - 8 \frac{1}{2}$ Inch, sind aus Nylon und somit wesentlich leichter. Empfehlenswert ist ein ausklappbarer Stand und ein Rucksackgurt, der das Gewicht auf beide Schultern verteilt. Die Belastung für den Rücken kann so verringert werden.

**6** Lederbag mit Trolly

## Trolly

Der Trolly sollte robust und der Größe des Golfbags angepasst sein. Da auf einer Golfrunde zwischen acht und zehn Kilometer zurückgelegt werden, ist ein leichter und leichtläufiger Wagen empfehlenswert.
Noch mehr Entlastung bietet der Elektro-Trolly (E-Trolly). Der Elektromotor schont nicht nur den Rücken, sondern schützt auch vor Verspannungen im Arm- und Schulterbereich, was für den Golfschwung von großer Bedeutung ist.

## Golfschuhe

Passende Schuhe sind sehr wichtig, wenn man eine solche Distanz zurücklegen muss. Da die Füße bei dieser Belastung etwas an Volumen zunehmen, ist es empfehlenswert, Golfschuhe nachmittags zu kaufen.
Ein guter Stand ist bei der Ausführung des Golfschwungs von großer Bedeutung. Sie sollten sich deshalb vor einem Kauf fachmännisch über Material und Sohlenkonstruktion der Schuhe beraten lassen. Zu empfehlen sind Schuhe mit Soft-Spikes. Um die Anlagen zu schonen, sind die früher üblichen Stahl-Spikes inzwischen fast überall verboten.

## Handschuhe

Der Handschuh schützt vor Reibungen und gibt insbesondere bei feuchten Händen Halt. Üblicherweise wird nur an der Hand mit dem größeren Kontakt zum Schlägergriff ein Handschuh getragen. Der Rechtshänder trägt den Handschuh an der linken, der Linkshänder an der rechten Hand. Ein zweiter Handschuh ist meist nicht erforderlich. Handschuhe werden aus Leder oder Kunstfaser hergestellt. Der aus Kunstfaser gefertigte so genannte Allwetterhandschuh ist besonders für regnerische Verhältnisse geeignet. Dagegen ist Leder atmungsaktiver und wird von den meisten Menschen als angenehmer empfunden. Achten Sie beim Kauf eines Handschuhs besonders auf die gute Passform. Er sollte möglichst eng sitzen, um seinen Zweck erfüllen zu können.

## Regenkleidung, Regenschirm

Regen ist im Allgemeinen kein Grund, das Spiel abzubrechen. Deshalb sollte immer ein Regenschirm mitgeführt werden. Im Golfhandel gibt es spezielle Schirme, die im Vergleich zu herkömmlichen Regenschirmen größer und leichter sind. Sie haben grundsätzlich keine Metallteile, um die Gefährdung bei einem Gewitter zu verringern. Dennoch sollten Sie das Spiel bei einem Gewitter abbrechen und sich in Sicherheit bringen, denn die mitgeführten Schläger erhöhen das Risiko eines Blitzschlags. Im Golfhandel gibt es spezielle Regenkleidung. Zu empfehlen sind Materialien wie Goretex oder Sympatex. Diese sind nicht nur wasserabweisend, sondern auch atmungsaktiv. Achten Sie beim Kauf auch auf die für einen Golfschwung nötige Bewegungsfreiheit.

## Tees, Ballmarker, Pitchgabel, Handtuch, Regelbuch

Mit den genannten Accessoires vervollständigen Sie Ihre Ausrüstung:
- **Tees** sind kleine Holzstifte, auf denen der Ball aufgesetzt werden kann. Die erhöhte Lage erleichtert den Schlag.
- **Ballmarker** befinden sich meist in Form eines kleinen Druckknopfs auf dem Handschuh. Mit ihm können Sie die Lage Ihres Balls auf dem Grün markieren.

Genauso gut eignet sich für diesen Zweck eine Münze.

- Eine **Pitchgabel** ist ein kleines Werkzeug zum Ausbessern von Einschlaglöchern (Pitchmarken), die der Ball bei der Landung auf dem Grün hinterlässt.
- Mit dem **Handtuch** können Sie gegebenenfalls Ihre Hände trocknen oder Schläger und Ball säubern.
- Bei einem Turnier sollte jeder Teilnehmer außerdem ein Exemplar der **offiziellen Golfregeln** in seiner Tasche mit sich führen, um eventuell auftretende Regelfragen klären zu können.

## Einführung in die Grundschläge

Beim Golfspiel unterscheidet man zwischen den langen Schlägen und dem kurzen Spiel. Die **langen Schläge**, also Schläge aus größeren Entfernungen, werden im Wesentlichen mit immer derselben Bewegung ausgeführt, dem **vollen Schwung**. Unterschiedliche Weiten erreichen Sie durch den Einsatz verschiedener Schläger (siehe Ausrüstung). Sie müssen also nicht bei jedem Schlag Ihre Schwungbewegung verändern, sondern werden je nach Lage des Balls und Entfernung zum Loch den passenden Schläger wählen. Da sich die einzelnen Schläger in der Länge ihres Schafts unterscheiden, müssen Sie lediglich Standbreite und Ball-

**7** Accessoires

**8** Voller Schwung                    **9** Putt

position dem jeweiligen Schläger anpassen. Die Schwungbewegung aber bleibt unverändert.

Zum **kurzen Spiel** zählen alle Schläge auf dem Grün und die in der Nähe des Grüns ausgeführten Annäherungsschläge zum Loch. Neben dem Einsatz verschiedener Schläger werden beim kurzen Spiel unterschiedliche Schwungtechniken angewendet, um zum Beispiel die Flugbahn des Balls zu beeinflussen oder auf die Besonderheiten des Untergrunds zu reagieren. Man unterscheidet den Putt-, den Chip-, den Pitch- und den Bunkerschlag:

➤ Beim **Putten** legt der Ball die gesamte Strecke rollend zurück. Das unterscheidet den Putt von allen anderen Schlägen. Er wird vor allem dann angewendet, wenn der Ball bereits auf dem Grün liegt. Manchmal entscheidet sich ein Spieler aber auch bei einem Schlag aus dem Vorgrün für einen Putt. Der Rasen auf dem Vorgrün ist allerdings nicht ganz so kurz gemäht wie auf dem Grün, weshalb der Ball dort weniger gleichmäßig rollt.

➤ Nicht immer landet der Ball schon aus großer Entfernung unmittelbar auf dem Grün. Kommt er in der Nähe des Grüns zum Liegen, lässt die Bodenbeschaffenheit einen kontrollierten Putt meist nicht zu. Einer der denkbaren Annäherungsschläge ist der **Chip**. Er wird in der Regel bei kurzen Entfernungen von bis zu circa 20 Meter um das Grün herum angewendet.

10 Chip-Putt

11 Standard-Chip

Beim Chippen soll der Ball den Weg über den höheren Rasen fliegend zurücklegen, um dann auf dem Grün zum Loch hin auszurollen. Das Charakteristische an den Chip-Schlägen ist die flache Flugbahn und das lange Ausrollen des Balls. Man unterscheidet den Chip-Putt und den Standard-Chip. Der Chip-Putt kommt in der Regel aus Entfernungen zum Einsatz, aus denen auch geputtet werden könnte, die Bodenbeschaffenheit einen kontrollierten Putt aber nicht zulässt. Dagegen lassen sich mit dem Standard-Chip auch größere Entfernungen überwinden.

➤ Der **Pitch** zählt wie der Chip zu den Annäherungsschlägen. Während sich der Chip durch eine flache Flugbahn und ein langes Ausrollen des Balls auszeichnet, sind das Charakteristische am Pitch die hohe Flugbahn und das kurze Ausrollen des Balls. Der Pitch wird bei Schlägen aus einer Entfernung von circa 10 bis 80 Meter um das Grün herum angewendet.

➤ Wenn von einem **Bunkerschlag** die Rede ist, sind üblicherweise Schläge aus einem Grün-Bunker gemeint. Diese um das Grün herum platzierten Bunker «bewachen» das Grün. Bunkerschläge zählen deshalb ebenso wie die oben genannten Chip- und Pitch-Schläge zum kurzen Spiel. Die zum Grün hin oftmals stark erhöhten Bunkerkanten erfordern eine sehr hohe Flugbahn und ein kurzes Ausrollen des Balls.

**12** Pitch

**13** Bunkerschlag

Je kürzer die Entfernung ist, die der Ball zurücklegen soll, desto kleiner ist die dafür notwendige Schwungbewegung. Kleine Bewegungen sind leichter zu erlernen. Deshalb ist es sinnvoll, mit dem kurzen Spiel zu beginnen und die Bewegung Schritt für Schritt bis zum vollen Schwung auszubauen. Da sich viele Bestandteile der einfacheren Bewegungen im vollen Schwung wiederfinden, legen Sie beim Erlernen der kleinen Schwungbewegungen den Grundstein für die komplexeren Schwünge.

Das kurze Spiel soll uns aber nicht nur zum vollen Schwung hinführen. Es ist auch in der Spielpraxis von großer Bedeutung: Etwa 63 Prozent aller auf einer Golfrunde ausgeführten Schläge zählen zum kurzen Spiel.

Sie sollten deshalb Ihre Trainingszeit ausgewogen aufteilen und regelmäßig alle Grundschläge verbessern und stabilisieren.

In den nun folgenden Kapiteln sind die einzelnen Technikelemente aus der Sicht eines Rechtshänders erläutert. Linkshänder müssen sich den Ablauf spiegelverkehrt vorstellen.

# Die ersten 8 Lektionen

# Putten

Die aus größeren Entfernungen geschlagenen Bälle landen nur sehr selten im Loch. Unser Ziel ist deshalb, den Ball so nah wie möglich am Loch zu platzieren, um ihn dann aus kurzer Distanz mit einem Putt einzulochen. In der Regel muss auf jeder Spielbahn mindestens ein Putt ausgeführt werden. Die Bedeutung des Puttens für ein gutes Spielergebnis darf deshalb nicht unterschätzt werden.

Beim Putten legt der Ball die gesamte Strecke rollend zurück. Das unterscheidet den Putt von allen anderen Grundschlägen. Putten werden Sie immer dann, wenn der Ball bereits auf dem Grün liegt. Diese sehr gepflegte, kurz gemähte Rasenfläche lässt den Ball gleichmäßig rollen.

## Einführung in die Technik

Beim Putten schwingt der Schläger durch eine Bewegung von Schultern und Armen wie ein Pendel vor dem Körper. Für einen kontrollierten Putt ist es wichtig, die Hände stabil zu halten und ein Schlagen aus den Handgelenken zu vermeiden. Eine korrekte Griffhaltung spielt hierbei eine wesentliche Rolle.

## Der Griff

Eine einzig richtige Griffhaltung gibt es nicht. Die erfolgreichsten Spieler beweisen uns immer wieder, dass mit verschiedensten Griffhaltungen beste Ergebnisse erzielt werden können. Für den Anfang sollten Sie den so genannten **Reverse overlapping grip** erlernt (14). Dieser am weitesten verbreitete Griff wird oft als Standardgriff bezeichnet.

**14** Reserve overlapping grip

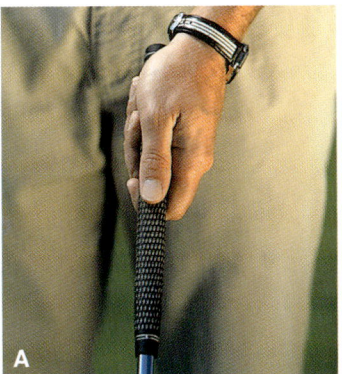
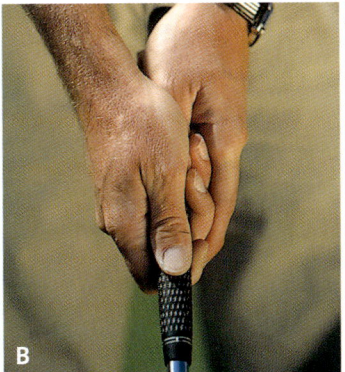

15 Griff-Check

berührt. Ein Teil der rechten Handfläche liegt jetzt über dem linken Daumen. Wenn Sie den linken Zeigefinger nun wieder anlegen, überlappt er (»Overlapping grip«) die Finger der rechten Hand (14 B+C, S. 27).

Zur Eigenkontrolle kann folgender **Griff-Check** vorgenommen werden:
Nehmen Sie die beschriebene Griffhaltung ein und heben Sie den Schläger nach oben an, bis er parallel zum Boden verläuft. Dabei zeigt die Schlagfläche senkrecht nach oben. In dieser Haltung liegen die beiden Daumen oben auf der abgeflachten Seite des Griffs. Die beiden Handrücken sind parallel zueinander und zeigen in die gleiche Richtung wie die Schlagfläche (15).

16 Der Körper ist parallel zur Ziellinie ausgerichtet

1  Nehmen Sie Ihren Putter und legen Sie den Schlägergriff so an die geöffnete linke Handfläche, dass er entlang der Lebenslinie vom Wurzelgelenk des Zeigefingers bis zur Handwurzel hin verläuft (14 A, S. 27).

2  Legen Sie den Daumen ausgestreckt oben auf der abgeflachten Seite des Griffs ab und schließen Sie die Hand um den Griff. Führen Sie dann die rechte Hand in genau derselben Weise unterhalb der linken Hand an den Schläger.

3  Um eine Verbindung zwischen beiden Händen und damit Stabilität zu schaffen, wird der linke Zeigefinger zunächst vom Griff weggestreckt. Ziehen Sie dann die rechte Hand so weit nach oben zur linken Hand, bis der kleine Finger der rechten Hand den Mittelfinger der linken Hand

## Stand und Ballposition

Stellen Sie Ihre Füße in einem nicht allzu großen Abstand bequem parallel nebeneinander auf. Der Ball liegt etwas links von der Mitte des Stands. Sowohl die Linie zwischen den Fußspitzen als auch die gedachte Verbindung zwischen den Schultern sollten parallel zur Ziellinie verlaufen (16).

## Die Haltung

Der Spieler steht zunächst aufrecht und hält den Schläger vor sich parallel zum Boden. In dieser Haltung kann der Griff nochmals kontrolliert werden (siehe Griff-Check). Aus dieser Position beugt man den Rumpf aus den Hüften heraus nach vorn, bis die Schultern über den Fußspitzen und die Augen über

dem Ball sind. Gleichzeitig wird der Po etwas nach hinten geschoben. Die Knie sind leicht gebeugt. Senken Sie nun die Arme locker ab, bis der Schlägerkopf den Boden berührt und die Hände sich in einer geraden Linie unter den Schultern befinden. Die Oberarme liegen leicht am Körper an (17+18). Viele Spieler verkrampfen in dieser Position die Hände. Deshalb sollte bewusst auf eine entspannte Griffhaltung geachtet werden.

## Die Putt-Bewegung

Der linke Arm, die gedachte Linie zwischen den Schultern und der rechte Arm bilden ein Dreieck. Durch eine abgestimmte Bewegung der Arme und ein Auf- und Abkippen der Schultern schwingt dieses Dreieck von links

**17** Der Ball liegt links, die Hände sind auf Ballhöhe

**18** Die Augen sind über dem Ball, die Hände unter den Schultern

**19** Die Putt-Bewegung von vorn ...

**20** ... und von der Seite

**Tipp**

Auf jeder Golfanlage finden Sie ein oder mehrere Puttinggrüns, wo Sie das Putten trainieren können. Sie können aber auch zu Hause auf einer der im Handel erhältlichen Puttmatten oder auf einem Teppichboden mit kurzem Flor üben.

nach rechts. Dabei bewegt sich der Schläger wie ein Pendel vor dem Körper. Der Ausschlag des Pendels nach rechts (Ausholbewegung/Rückschwung) ist genauso groß wie der Ausschlag des Pendels nach links (Durchschwung). Die Handgelenke bleiben während der gesamten Bewegung stabil. Kopf und Unterkörper werden ruhig gehalten. Es bewegt sich ausschließlich das Dreieck aus Armen und Schultern (19+20).

## ÜBUNGEN

**Lernziel: Vorstellung und Gefühl für die Pendelbewegung entwickeln**

**1** Nehmen Sie die korrekte Körperhaltung wie auf Seite 29 oben beschrieben ein. Halten Sie den Putter am oberen Griffende mit Daumen und Zeigefinger der rechten Hand und lassen Sie ihn senkrecht nach unten baumeln. Der Blick ist auf den hängenden Schläger gerichtet. Geben Sie dem Schläger mit der linken Hand einen leichten Impuls und lassen Sie ihn einige Ausschläge nach rechts und links machen (21).
Achten Sie auf die gleichmäßigen und rhythmischen Pendelbewegungen des Schlägers.

**2** Stellen Sie den Schläger zur Seite. Nehmen Sie erneut die korrekte Körperhaltung wie auf Seite 29 beschrieben ein. Die Arme hängen locker nach unten. Die Hände befinden sich in einer geraden Linie unterhalb der Schultern. Legen Sie die geöffneten Handflächen aneinander. Hände, Arme und Schultern bilden nun ein Dreieck. Lassen Sie dieses Dreieck durch eine Kippbewegung der Schultern hin- und herpendeln (22). Spüren Sie, wie die Arme vor dem Körper schwingen, ohne dass die Handgelenke bewegt werden. Nach einigen Wiederholungen nehmen Sie den Schläger dazu und lassen ihn knapp über den Boden schwingen.

**21** Übung 1

**22** Übung 2

Achten Sie wiederum auf stabile Handgelenke. Die Bewegung erfolgt aus den Schultern. Entwickeln Sie auch ein Gefühl dafür, dass Aushol- und Durchschwungbewegung gleich groß sind und eine gleichmäßige rhythmische Pendelbewegung entsteht. Legen Sie anschließend fünf Bälle in einem Abstand von jeweils 20 Zentimeter nebeneinander auf den Boden. Setzen Sie den Schläger so hinter den ersten Ball, dass der markierte »Sweet spot« (das ist der Punkt auf der Schlagfläche, an dem die Energie optimal auf den Ball übertragen wird) auf die Mitte des Balls zeigt. Führen Sie nun erneut eine Pendelbewegung durch und halten Sie den Schläger nach dem Durchschwung für einen kurzen Moment in der Endposition. Achten Sie darauf, ob die Durchschwungbewegung genauso groß war wie die Ausholbewegung. Wiederholen Sie die Übung mit den anderen zurechtgelegten Bällen.

## Zielen und Ausrichtung des Körpers

Für Ihre ersten Putts auf ein Ziel sollten Sie eine ebene Fläche im Gelände oder auch einen Teppichboden in der Wohnung wählen. Nur bei ebenen Flächen verläuft die Ziellinie auf einer gedachten Geraden zum Loch. Bodenunebenheiten würden Ihnen den Anfang erschweren, weil sie die Laufrichtung des Balls beeinflussen und bei der Ausrichtung von Körper und Schlagfläche einberechnet werden müssen. Hierauf wird auf Seite 37 noch eingegangen.
Gehen Sie beim Zielen folgendermaßen vor: Stellen Sie sich etwa zwei Meter hinter dem Ball in Verlängerung der Ziellinie auf. Nehmen Sie schon jetzt die korrekte Griffhaltung ein und visualisieren Sie anschließend die Linie zwischen Ball und Loch. Gehen Sie mit dieser Vorstellung zu Ihrem Ball und richten Sie die Schlagfläche in einem rechten Winkel zur Ziellinie aus. Dabei ist sicherzustellen, dass sich der auf dem Putter markierte Sweet spot unmittelbar hinter der Mitte des Balls befindet. Jetzt werden die Fußspitzen gegenüber der Ziellinie auf einer gedachten Parallele aufgestellt. Richten Sie anschließend auch die gedachten Verbindungen zwischen den beiden Knien, den Hüften und den Schultern parallel zur Ziellinie aus.

Wichtig beim Zielen ist die korrekte Ausrichtung von Schläger und Körper

Man kann sich die beiden Parallelen als Bahngleis vorstellen. Eine Schiene entspricht der Ball-Ziel-Linie, die andere Schiene der Ausrichtung des Körpers.

Eine gute Ausrichtung des Körpers ist von erheblicher Bedeutung für das Gelingen eines Schlages. Das gilt für das Putten ebenso wie für alle anderen Golfschläge. Lassen Sie die hier beschriebene Vorgehensweise deshalb bald zur Routine werden, um Gleichmäßigkeit und Konstanz in Ihr Spiel zu bringen.

## T i p p

Für die Übungen zu Hause gibt es Lochattrappen. Genauso gut eignen sich Getränkedosen, die als Ziel dienen.

## ÜBUNGEN

**Lernziel 1: Den Schläger auf einer geraden Linie zum Ziel schwingen**

Suchen Sie sich ein Ziel (Loch, Getränkedose). Legen Sie etwa zwei Meter davon entfernt zwei Schläger parallel zueinander auf den Boden, die Griffe zeigen zum Ziel. Der Abstand zwischen beiden Schlägern sollte circa ein bis zwei Zentimeter breiter sein als der Schlägerkopf des Putters. Nehmen Sie die auf Seite 29 beschriebene Haltung ein. Stellen Sie den Schlägerkopf des Putters im rechten Winkel zwischen die beiden am Boden liegenden Schlägerschäfte und führen Sie eine Pendelbewegung aus. Denken Sie daran, den Schläger nach dem Durchschwung jeweils für einen kurzen Moment in der Endposition zu halten (23).

**23** Übung 1

Bei dieser Übung sollte der Schlägerkopf des Putters zu keinem Zeitpunkt den von den Schlägerschäften gebildeten Korridor verlassen.

**Lernziel 2: Gefühl für die Stellung der Schlagfläche im Treffmoment entwickeln**

Legen Sie zwei Bälle nebeneinander auf den Boden und versuchen Sie, beide gleichzeitig zu putten. Wenn die Schlagfläche im Treffmoment im rechten Winkel zur Ziellinie steht, werden beide Bälle gleichzeitig losrollen und in etwa die gleiche Distanz zurücklegen. Anderenfalls wird einer der beiden Bälle früher als der andere starten und weiter ausrollen (24). Wiederholen Sie die Übung mit jeweils unterschiedlich großen Pendelbewegungen.

**Lernziel 3: Treffen des Balls mit dem Sweet spot**

Nehmen Sie wiederum zwei Bälle und legen Sie sie jeweils etwa einen halben Zentimeter links und rechts neben den am Boden stehenden Schlägerkopf des Putters. Legen Sie einen dritten Ball unmittelbar vor den Sweet spot des Putters. Führen Sie eine Pendelbewegung aus. Bei korrekter Ausführung wird sich nur der vor dem Putter liegende Ball bewegen (25).

Wiederholen Sie die Übung mit jeweils unterschiedlich großen Pendelbewegungen.

Mit einem guten Griff, einer richtigen Haltung und einer exakten Pendelbewegung ist sichergestellt, dass

- die Schlagfläche des Putters im Treffmoment in einem rechten Winkel zur gewünschten Startrichtung des Balls steht,
- der Schläger im Treffmoment exakt in diese Richtung pendelt und
- die Mitte des Balls mit dem Sweet spot des Schlägers getroffen wird.

Jeder dieser Faktoren ist wichtig, um dem Ball die richtige Richtung zu geben. Ein exaktes Treffen wirkt sich aber nicht nur auf die Laufrichtung des Balls aus, sie beeinflusst auch die Länge der Rollbahn.

**24** Übung 2

A    B

**25** Übung 3

---

# Längenkontrolle

Die Distanz, die der Ball rollend zurücklegt, kann der Spieler durch die Pendelbewegung steuern. Je größer der Ausschlag des Pendels ist, umso weiter wird der Ball ausrollen. Dies gilt aber nur, wenn jeder Putt – unabhängig von der Entfernung zum Loch – mit immer demselben Bewegungsrhythmus ausgeführt wird. Jede Bewegung – egal ob groß oder klein – muss in der gleichen Zeit erfolgen. Bei größeren Pendelausschlägen bewegt sich der Putter also schneller als bei kleinen.

## ÜBUNGEN

**Lernziel: Längenkontrolle durch unterschiedlich große Pendelbewegungen**

**1** Stecken Sie fünf Tees in einem Abstand von jeweils circa 15 Zentimeter nebeneinander in den Boden. Platzieren Sie in einem Abstand von jeweils etwa 10 Zentimeter drei Bälle gegenüber dem mittleren Tee. Putten Sie den ersten Ball. Dabei zeigen Ihnen die beiden links und rechts neben der Mitte platzierten Tees die Größe der Pendelbewegung an. Trainieren Sie den Bewegungsrhythmus, indem Sie beim Ausholen den Laut »tick« und im Treffmoment den Laut »tack« aus-

**26** Übung 1

**27** Übung 2

sprechen. Stellen Sie sich dabei eine laut tickende Standuhr vor (26).

Putten Sie nun den zweiten Ball. Jetzt geben die beiden äußeren Tees die Größe der Pendelbewegung vor. Trotz der größeren Bewegung bleibt das Tick-Tack der imaginären Standuhr in seinem Rhythmus unverändert. Führen Sie beim dritten Ball eine noch größere Pendelbewegung aus. Sprechen Sie wieder laut »tick« beim Ausholen und »tack« beim Treffen.

Bei einer korrekten Ausführung der Übung müsste der erste Ball die geringste und der dritte Ball die größte Distanz zurückgelegt haben.

**2**  Legen Sie einen Ball in einem Abstand von circa 50 Zentimeter vor das Loch. Platzieren Sie anschließend vier weitere Bälle jeweils in einem Abstand von 50 Zentimeter auf einer geraden Linie hinter den ersten Ball. Versuchen Sie nun, die fünf Bälle nacheinander ins Loch zu treffen. Beginnen Sie mit dem am nächsten zum Loch gelegenen Ball. Die Pendelbewegung muss umso

größer sein, je weiter der Ball vom Loch entfernt ist (27). Achten Sie wiederum auf einen gleich bleibenden Bewegungsrhythmus.

**3**  Aus großen Entfernungen wird der Ball nur selten mit einem einzigen Putt eingelocht. Umso wichtiger ist die Längenkontrolle, damit der Ball nah am Loch zum Liegen kommt und möglichst mit nur einem weiteren Schlag eingelocht werden kann. Mit folgender Übung kann dieses »Parken« des Balls trainiert werden:

Legen Sie sechs Schläger in einem Abstand von jeweils einem Meter zueinander wie hier in Abb. 28 gezeigt auf den Boden. Stellen Sie sich in einer Entfernung von circa 4 Meter zum ersten Schläger auf. Versuchen Sie, den Ball mit dem ersten Putt zwischen die ersten beiden Schläger zu platzieren. Der zweite Ball soll zwischen dem zweiten und dem dritten Schläger zum Liegen kommen, der dritte Ball zwischen dem dritten und dem vierten Schläger und so fort.

Variieren Sie die Übung, indem Sie das Ziel vor jedem Putt beliebig ändern.

**28** Übung 3

## Das Grün lesen

Das Rollverhalten des Balls wird durch verschiedene Faktoren wie die Neigung des Grüns, Wellen oder sonstige Unebenheiten auf dem Grün, die Wuchsrichtung und die Schnitthöhe des Rasens sowie Feuchtigkeit und sogar Wind beeinflusst. »Das Grün lesen« bedeutet, alle diese Faktoren, die Einfluss auf den Lauf des Balls haben können, vor dem Schlag zu erkennen und richtig einzuschätzen. Die genannten Faktoren können in unterschiedlicher Kombination auftreten. In der Spielpraxis werden Sie deshalb immer wieder mit neuen Situationen konfrontiert sein. Das macht es auch so schwierig, allgemein gültige Regeln aufzustellen. Die folgenden Ausführungen beschränken sich deshalb darauf, die Auswirkungen der verschiedenen Faktoren auf den Lauf des Balls darzustellen und einige Anregungen zu

geben. Beim konsequenten Üben werden Sie viele zusätzliche Informationen sammeln, die Sie in vergleichbaren Spielsituationen abrufen können. Durch die wachsende Erfahrung werden Sie bald lernen, den Lauf des Balls richtig einzuschätzen.

### Die verschiedenen Einfluss-Faktoren

➤**Bodenunebenheiten** können auftreten in Form einer Steigung, eines Gefälles oder einer seitlichen Neigung. Denkbar ist auch eine Kombination verschiedener Unebenheiten:

• Durch eine **Steigung** zum Loch hin wird der Lauf des Balls verlangsamt. Es ist also eine größere Pendelbewegung notwendig.

• Durch ein **Gefälle** zum Loch hin wird der Lauf des Balls beschleunigt. Die Pendelbewegung ist entsprechend kleiner zu wählen.

• Bei einer **seitlichen Neigung** wird der Ball einen Bogen machen (»Brechen« des Balls). Wie stark der Ball bricht, hängt vom Grad der Neigung und von der Rollgeschwindigkeit des Balls ab. Die Ablenkung des Balls durch eine seitliche Neigung muss also zunächst beim Zielen einberechnet werden.

Hängt das Grün von links nach rechts, muss auf einen Punkt links vom Loch gezielt werden. Hängt das Grün von rechts nach links, muss auf einen Punkt rechts

## Tipp

Sie können sich die Richtungsbestimmung erleichtern, indem Sie sich vorstellen, wohin ein auf dem Grün verschüttetes Wasser laufen würde.

vom Loch gezielt werden. Es ist also immer die höher gelegene Seite anzuspielen. Versuchen Sie den Punkt zu bestimmen, an dem der Ball das erste Mal »wegbrechen« wird. Zeichnen Sie gedanklich eine Gerade zwischen diesem Punkt und dem Ball und richten Sie Ihren Körper nach dieser Linie aus. Versuchen Sie dann, über diesen Punkt hinweg zu spielen. Manche Spieler verlängern die so festgelegte Gerade gedanklich bis auf Höhe des Lochs und stellen sich dort ein weiteres Loch vor. Mit dieser Vorstellung führen sie einen geraden Putt auf das imaginäre Loch aus.

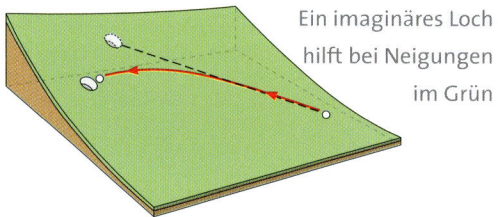

Ein imaginäres Loch hilft bei Neigungen im Grün

Wie stark der Ball abgelenkt wird, hängt nicht nur von der Neigung des Geländes, sondern auch von seiner Rollgeschwindigkeit ab: Ein langsam rollender Ball wird stärker abgelenkt als ein schnell rollender Ball. Legen Sie großen Wert auf die passende Geschwindigkeit. Selbst bei nicht optimaler Ausrichtung wird ein mit der passenden Geschwindigkeit bewegter Ball meist näher am Loch zum Liegen kommen als im umgekehrten Fall, in dem Sie sich zwar richtig ausgerichtet haben, der Ball aber durch eine falsch gewählte Geschwindigkeit zu wenig oder zu stark abgelenkt wurde.

➤ **Feuchtigkeit auf dem Grün** macht den Rasen schwer. Seitliche Neigungen wirken sich deshalb weniger stark aus als bei

## Tipp

Erfahrungsgemäß unterschätzen die meisten Freizeitspieler die durch eine Neigung im Gelände verursachte Ablenkung des Balls. Setzen Sie den Putt deshalb im Zweifel lieber höher an.

trockenem Rasen. Feuchtigkeit verlangsamt aber auch den Lauf des Balls. Die Pendelbewegung muss also entsprechend größer ausfallen.

➤ **Die Schnitthöhe des Rasens** wirkt sich in ähnlicher Weise aus wie Feuchtigkeit. Je länger der Rasen ist, umso weniger wirken sich seitliche Neigungen aus. Der Lauf des Balls wird gebremst. Bei sehr kurz gemähtem Rasen wirken sich seitliche Neigungen stärker aus. Die Laufgeschwindigkeit des Balls wird günstig beeinflusst.

➤ **Die Wuchsrichtung des Rasens** kann sich ebenfalls auf die Laufgeschwindigkeit des Balls auswirken. Um eine Vorstellung für die Wirkung der Wuchsrichtung zu entwickeln, können Sie an eine Katze denken, die gegen den Strich gebürstet wird. Eine Wuchsrichtung gegen den Lauf des Balls bremst; eine Wuchsrichtung mit dem Lauf hingegen wirkt sich günstig auf die Geschwindigkeit aus, lässt den Ball also besser rollen.

Die Regeln verbieten, die Wuchsrichtung mit der Hand oder mit einem Schläger zu überprüfen. Turnierspieler versuchen deshalb, sich den Rasen aus verschiedenen Perspektiven anzusehen und anhand der Farbe die Wuchsrichtung zu erkennen. Ein eher hell erscheinender Rasen deutet

**29** Das Grünlesen beginnt schon auf dem Weg zum Grün

auf einen Wuchs in Blickrichtung hin, ein dunkel erscheinender Rasen auf einen Wuchs gegen die Blickrichtung. Um entsprechende Erfahrungen zu sammeln, können Sie bei Ihren Übungen die zunächst visuell bestimmte Wuchsrichtung durch ein Streifen des Rasens mit der Handfläche oder mit dem Putter überprüfen.

➤ Bei schnellen Grüns kann sogar ein sehr **starker Wind** das Brechen des Balls und seine Laufgeschwindigkeit beeinflussen.

## Die richtige Routine auf dem Grün

»Das Grün lesen« beginnt schon auf dem Weg zum Grün. Aus einer gewissen Entfernung (etwa 40 Meter) lässt sich die allgemeine Neigung des Grüns oft besser erkennen als auf dem Grün (29). Auf dem Grün sollten Sie sich die Linie zwischen Ball und Loch zunächst von der Seite betrachten (30, Seite 40). Sie bekommen so nicht nur einen Eindruck von der zurückzulegenden Distanz, sondern können auch eventuelle Steigungen oder Gefälle erkennen. Anschließend sollten Sie die Puttlinie aus zwei Richtungen ansehen. Stellen Sie sich dazu zunächst auf die Verlängerung der Ball-Loch-Linie hinter das Loch. Aus dieser Perspektive können Sie insbesondere den Bereich um das Loch herum gut analysieren. Neigungen wirken sich dort besonders stark aus, weil der Ball bei einem wohl dosierten Putt auf den letzten Zentimetern zum Loch nur noch langsam rollt und dadurch leichter abgelenkt werden kann. Zuletzt gehen Sie vom Loch aus gesehen etwa zwei bis drei Meter hinter Ihrem Ball in die Hocke. Aus dieser Perspektive erkennen Sie Bodenunebenheiten leichter als aus dem Stand (31, Seite 40).

Legen Sie dann die Startrichtung Ihres Balls endgültig fest und begeben Sie sich mit dieser Vorstellung zu Ihrem Ball. Richten Sie dort den Schläger und anschließend Ihren Körper entsprechend aus.

**30** Steigungen oder Gefälle erkennen

Um den Spielfluss nicht unnötig zu verlangsamen, sollten alle Mitspieler gleichzeitig mit der Vorbereitung beginnen. Nutzen Sie auch die Zeit zwischen den Putts Ihrer Mitspieler. Achten Sie aber stets darauf, dass der Spieler, der als Nächstes an der Reihe ist, nicht durch Ihre Vorbereitungen gestört wird. Beobachten Sie auch, wie sich die Bälle Ihrer Mitspieler verhalten. Dies kann Ihnen wertvolle Hinweise für den Lauf Ihres Balls liefern. Ebenso lässt der eigene, über das Loch hinaus gerollte Ball Rückschlüsse darauf zu, wie er sich auf dem Weg zurück verhalten wird. Das richtige Lesen des Grüns ist deshalb so schwer zu erlernen, weil ein misslungener Putt nicht zwingend auf eine fehlerhaft eingeschätzte Situation zurückzuführen sein muss. Die Ursache für einen Fehlschlag kann auch in einer nicht sauber ausgeführten Putt-Bewegung liegen. Für den Übenden ist der wahre Grund für den Misserfolg oft nur schwer festzustellen. Er reagiert deshalb unter Umständen mit der falschen Maßnahme, was zu einem weiteren Misserfolg und zu Verwirrung führen kann. Um dies weitgehend zu vermeiden, sollten Sie sich ausreichend mit der Putt-Bewegung vertraut gemacht und auf ebenen Flächen eine gewisse Zielsicherheit erreicht haben, bevor Sie Bodenunebenheiten in Ihre Übungen einbeziehen.

**31** Die Startrichtung des Balls festlegen

**32** Übung 1

## ÜBUNGEN

**Lernziel: Verbesserung der Fähigkeit,
das Grün zu lesen**

**1** Begeben Sie sich auf das Puttinggrün und suchen Sie sich eine Stelle mit einer seitlichen Neigung vor dem anzuspielenden Loch. Legen Sie in einer Entfernung von etwa 4 Meter zum Loch mehrere Bälle bereit und markieren Sie diese Stelle zum Beispiel mit einem Tee. Das Tee stellt sicher, dass Sie immer von derselben Position aus putten (32). Bereiten Sie sich wie oben beschrieben auf den Putt vor, indem Sie die Linie zwischen Ball und Loch zunächst von der Seite und anschließend von hinten und vorn betrachten. Versuchen Sie den Punkt zu bestimmen, an dem

der Ball das erste Mal »wegbrechen« wird und ziehen Sie gedanklich eine Gerade zwischen diesem Punkt und dem Ball. Legen Sie im rechten Winkel zu dieser gedachten Geraden zwei Schläger so an den von Ihnen bestimmten Punkt, dass die beiden zueinander zeigenden Griffe einen etwa 15 Zentimeter großen Zwischenraum lassen.
Gehen Sie dann zurück zu Ihren Bällen und versuchen Sie, den Putt durch das von den Schlägern gebildete Tor rollen zu lassen. Beobachten Sie, wie sich der Ball verhält. Achten Sie bei den folgenden Putts auf die passende Geschwindigkeit des Balls. Verändern Sie gegebenenfalls die Lage der Schläger, wenn die mit der passenden Geschwindigkeit ausgeführten Putts zu weit

rechts oder zu weit links vom Loch zum Liegen kommen. Mehrere erfolgreiche Putts zeigen, dass Sie das Grün richtig gelesen haben. Erfolgreich ist dabei nicht nur ein eingelochter Putt, sondern auch ein solcher, bei dem der Ball nah am Loch zum Liegen kommt.

Sehen Sie sich die Puttlinie nach erfolgreichem Abschluss der Übung nochmals von der Seite, von hinten und von vorn an. Die Lage der Schläger zeigt Ihnen jetzt den richtigen Punkt, an dem der Ball weggebrochen ist. Vergleichen Sie diesen Punkt mit Ihrer Einschätzung zu Beginn der Übung und ziehen Sie die nötigen Schlüsse. Auf diese Weise werden Sie nach und nach Ihre Fähigkeiten, das Grün zu lesen, verbessern. Variieren Sie die Übung, indem Sie die Entfernung zum Loch ändern und verschiedene Lagen und Löcher wählen. Das Tor sollte bewusst mit zwei Schlägern und nicht – wie manchmal zu sehen ist – mit zwei Tees gebildet werden. Der Vorteil von Schlägern ist, dass alle unsauber gezielten Bälle an den Schlägerschäften hängen bleiben. Auf diese Weise bekommen Sie nur bei gelungenen Schlägen eine Rückmeldung, an der Sie sehen können, ob der Break richtig eingeschätzt wurde.

**2** Mit dieser Übung sollen Sie die Erfahrungen aus Übung 1 anwenden und ausbauen. Suchen Sie sich wiederum eine Stelle auf dem Puttinggrün, die eine seitliche Neigung aufweist. Legen Sie sich in einer beliebigen Entfernung zum Loch einen Ball bereit. Lesen Sie wie oben beschrieben das Grün. Markieren Sie sich den Punkt, an dem Ihrer Einschätzung nach der Ball brechen wird, mit einem Tee. Das Tee erleichtert Ihnen die

Übung, indem es den anzuspielenden Punkt anzeigt. Im Spiel können Sie den Punkt nur gedanklich markieren. Führen Sie nun den Putt aus und beobachten Sie das Rollverhalten des Balls. Verändern Sie nach jedem Ball die Spielsituation.

Wiederholen Sie die Übung 1, wenn Sie die Auswirkung der Neigung auf das Rollverhalten des Balls mehrmals falsch einschätzen.

**3** Nehmen Sie sechs Bälle und legen Sie sie jeweils eine Putterlänge entfernt vom Loch in einem Kreis um das Loch herum (33). Versuchen Sie, die Bälle nacheinander in das Loch zu spielen. Lesen Sie vor jedem Putt das Grün. Wenn ein Ball nicht ins Loch getroffen wird, müssen alle bisher gespielten Bälle zurückgelegt werden. Gehen Sie erst dann zum nächsten Loch, wenn Sie alle sechs Bälle hintereinander ins Loch treffen. Putts aus längeren Distanzen kommen meist in einer Entfernung von bis zu einer Putterlänge zum Liegen. Die hier trainierte Entfernung zum Loch kommt also in der Praxis häufig vor. Ein intensives Training gibt Ihnen die nötige Sicherheit, um solche Bälle mit nur einem weiteren Putt einzulochen.

33 Übung 3

# C h e c k b o x

**1**   Für einen kontrollierten Putt ist es wichtig, die Hände stabil zu halten und ein Schlagen aus den Handgelenken zu vermeiden.

**2**   Beim Putten liegen beide Daumen oben auf der abgeflachten Seite des Griffs. Die beiden Handrücken sind parallel zueinander. Der Zeigefinger der linken Hand überlappt die Finger der rechten Hand (»Reverse overlapping grip«).

**3**   Die Füße stehen in einem nicht allzu großen Abstand bequem parallel nebeneinander. Der Ball liegt etwas links von der Mitte des Stands.

**4**   Der Körper ist parallel zur Ziellinie ausgerichtet. Die Hände befinden sich in gerader Linie unterhalb der Schultern. Die Augen sind über dem Ball.

**5**   Das Dreieck aus Schultern und Armen lässt den Schläger wie ein Pendel vor dem Körper schwingen. Dabei bleiben die Handgelenke stabil. Ausholbewegung und Durchschwung sind gleich groß. Die Längenkontrolle erfolgt über die Größe der Pendelbewegung.

**6**   Für ein erfolgreiches Putten ist die Fähigkeit, das Grün richtig zu lesen, von entscheidender Bedeutung. Eine routinemäßige Vorgehensweise hilft beim Sammeln der notwendigen Erfahrungen.

## Lektion 2

# Chip-Putt

Der Chip-Putt ist eine Kombination aus Chip und Putt. Anders als beim Putten legt der Ball einen Teil der Strecke fliegend zurück, bevor er auf dem Grün ausrollt. Der Chip-Putt kommt in der Regel aus Entfernungen zum Einsatz, aus denen auch geputtet werden könnte, die Bodenbeschaffen-heit einen kontrollierten Putt aber nicht zulässt.

Für einen erfolgreichen Chip-Putt ist es – ebenso wie beim Putten – notwendig, vor dem Schlag das Grün zu lesen. Ein wichtiger Unterschied zum Putten liegt in der Wahl des Schlägers. Der Chip-Putt wird nicht mit dem Putter, sondern mit einem der Eisen aus-geführt. Besonders geeignet für diesen Schlag ist das Eisen 9. Die Neigung der Schlagfläche lässt den Ball in einem leichten Bogen fliegen und anschließend wie einen Putt ausrollen.

# Tipps

1. Das Eisen 9 ist für eine Vielzahl von Spielsituationen gut geeignet und wird auch von den Profis am häufigsten zum Chippen verwendet.

2. Führen Sie den Chip-Putt zunächst immer mit demselben Schläger aus, um ein Gefühl für den Schwung zu ent-wickeln. Wenn Sie die nötige Sicherheit haben, können Sie auch ein anderes Eisen wählen. Zuvor sollten Sie aber den Standard-Chip lernen. Auf die richtige Schlägerwahl wird dort noch näher eingegangen.

## Einführung in die Technik

Die Bewegung beim Chip-Putt entspricht dem Putt-Schwung. Wie beim Putten pendelt der Schläger vor dem Körper. Die Handgelenke bleiben möglichst stabil. An-ders als beim Putten legt der Ball aber eine kurze Distanz fliegend zurück. Um einen solchen »fliegenden Putt« zu erreichen, müssen einige Besonderheiten beachtet werden.

### Der Griff
Da auch beim Chip-Putt der Einsatz der Handgelenke vermieden werden soll, ver-wenden wir denselben Griff wie beim Putten (siehe Erläuterung Seite 27). Stabile Handge-lenke sorgen für eine bessere Kontrolle über den Schläger und mehr Präzision.
Zudem kann ein Einsatz der Handgelenke leicht dazu führen, dass der Schläger zu stark beschleunigt. Das aber soll bei sehr kurzen Schlägen möglichst vermieden werden.

### Stand und Ballposition
Stellen Sie die Füße parallel zur Ziellinie in einem Abstand von circa 20 Zentimeter

**34** Das Eisen 9 mit plan aufliegender Sohle

**35** Bei einer Haltung wie beim Putten steht das Eisen 9 auf der Spitze

nebeneinander auf (enger Stand). Der Ball liegt jetzt nicht wie beim Putten leicht links, sondern leicht rechts von der Mitte der beiden Füße. Verlagern Sie das Gewicht so, dass etwa 70 Prozent auf dem linken Fuß lasten.

### Die Haltung

Die Körperhaltung entspricht derjenigen beim Putten (siehe Erläuterung Seite 29). Eine der Besonderheiten ist durch die unterschiedliche Schlägerlänge bedingt. Das Eisen 9 ist länger als der Putter. Da wir aber dennoch nah am Ball stehen und die Augen möglichst über den Ball bringen wollen, rutschen die Hände beim Chip-Putt am Griff entlang etwas nach unten. In der Fachsprache heißt das: Der Schläger wird »kürzer gegriffen«. Wenn Sie nun die gleiche Griff- und Körperhaltung wie beim Putten einnehmen, steht

der Schlägerschaft des Eisens 9 im gleichen steilen Winkel zum Boden wie der Putter. Eisen 9 und Putter unterscheiden sich aber nicht nur in der Länge des Schlägerschaftes, sondern auch im Lie (siehe Erläuterung Seite 17). Deshalb liegt das Eisen 9 in dieser Haltung nicht mit seiner gesamten Sohle auf dem Boden auf, sondern steht etwas mehr auf der Spitze (34+35).

Beim Chip-Putt liegt der Ball nicht wie beim Putten leicht links, sondern etwas rechts von der Mitte des Stands. Hände und Schlägergriff befinden sich deshalb etwas vor dem Ball. Achten Sie darauf, dass die Schlagfläche im rechten Winkel zur Ziellinie steht. Sie können das bei den Eisen an der unteren Kante des Schlägerkopfes beziehungsweise an der untersten Rille der Schlagfläche kontrollieren (36).

**36** Haltung und Ausrichtung wie beim Putten

**37** Die Chip-Putt-Bewegung

## Die Chip-Putt-Bewegung

Das Dreieck aus Schultern und Armen pendelt wie beim Putten vor dem Körper. Dabei bleiben die Handgelenke stabil (37). Wie beim Putten schlägt das Pendel nach beiden Seiten gleich weit aus. Halten Sie den Schläger nach dem Durchschwung für einen kurzen Moment in der Endposition. Das Gewicht bleibt während der gesamten Bewegung unverändert mit 70 Prozent auf dem linken Fuß. Der größte Unterschied zum Putten liegt im Treffmoment: Während der Putter den Ball genau in der Mitte (Äquator) trifft, soll beim Chip-Putt die untere Hälfte des Balls getroffen werden. Dabei kommt es zu einem leichten Kontakt zwischen der Sohle des Schlägerkopfes und dem Rasen. Da die Schlagfläche des Eisens 9 im Gegensatz zum Putter eine erhebliche Neigung aufweist, wird der Ball ohne weiteres Zutun einen leichten Bogen fliegen, bevor er auf dem Grün ausrollt.

Achten Sie wie beim Putten auf eine rhythmische Bewegung und auf stabile Handgelenke.

## Tipps

| | |
|---|---|
| 1 | Chippen können Sie auf der Golfanlage am so genannten Chipping- oder Pitchinggrün trainieren. |
| 2 | Am Puttinggrün sollten Sie den Chip nur üben, wenn es die Anlageregeln ausdrücklich erlauben. |

### ÜBUNG

**Lernziel: Einführung in die
Chip-Putt-Bewegung**

Suchen Sie sich ein Ziel auf einer möglichst ebenen Fläche des Übungsgrüns. Das Ziel sollte ungefähr 4 Meter vom Rand des Grüns entfernt liegen. Gehen Sie vom Grünrand aus etwa 2 Meter zurück und legen Sie dort zwei Schläger parallel zueinander auf den Boden, die Griffe zeigen zum Ziel. Der Abstand zwischen den beiden Schlägern beträgt etwa 15 Zentimeter. Nehmen Sie die korrekte Haltung ein (38). Stellen Sie den Schlägerkopf des Eisens 9 im rechten Winkel zwischen die beiden am Boden liegenden Schlägerschäfte und führen Sie eine Pendelbewegung aus. Denken Sie auch beim Chip-Putt daran, den Schläger nach dem Durchschwung jeweils für einen kurzen Moment in der Endposition zu halten. Der Schlägerkopf des Eisens 9 soll zu keinem Zeitpunkt den von den Schlägerschäften gebildeten Korridor verlassen. Achten Sie darauf, wie der Schlägerkopf beim Durchschwung den

Rasen leicht berührt. Für eine gleichmäßig rhythmische Schwungbewegung sollten Sie das Ausholen durch den Laut »tick« und den Durchschwung durch ein »tack« begleiten. Stellen Sie sich wie beim Putten das Pendel einer großen Standuhr vor. Wiederholen Sie die Bewegung einige Male, bevor Sie einen Ball dazu nehmen. Bei korrekter Ausführung wird der Ball in einem leichten Bogen wegfliegen und nach dem Landen einige Meter ausrollen. Spüren Sie, dass der Ball ohne Ihr Zutun in die Luft steigt! Allein die Neigung des Schlägerkopfes (Loft) bringt den Ball zum Fliegen. Variieren Sie die Größe der Pendelbewegung, um dem gesetzten Ziel möglichst nahe zu kommen. Wechseln Sie anschließend den Standort und/oder das angespielte Ziel.

**38** Übung

## C h e c k b o x

**1**   Der Chip-Putt kommt aus Entfernungen zum Einsatz, aus denen auch geputtet werden könnte, der Ball aber einen Teil der Strecke fliegend zurücklegen soll.

**2**   Beim Chip-Putt wird derselbe Griff wie beim Putten verwendet. Um die Augen über den Ball zu bringen, wird der Schläger kürzer gegriffen. Der Schläger steht auf der Spitze.

**3**   Die Füße sind parallel zur Ziellinie in einem Abstand von circa 20 Zentimeter nebeneinander aufgestellt. Das Gewicht ist zu 70 Prozent auf dem linken Fuß. Der Ball liegt leicht rechts von der Mitte des Stands.

**4**   Der Körper ist parallel zur Ziellinie ausgerichtet. Die Hände befinden sich etwas vor dem Ball.

**5**   Genauso wie beim Putten lässt das Dreieck aus Schultern und Armen den Schläger wie ein Pendel vor dem Körper schwingen. Dabei bleiben die Handgelenke stabil. Das Gewicht bleibt während der gesamten Bewegung zu 70 Prozent auf dem linken Fuß. Ausholbewegung und Durchschwung sind gleich groß.

# Standard-Chip

Der im vorangegangenen Kapitel behandelte Chip-Putt ist eine Kombination aus Putt und Chip. Die sehr kleine Schwungbewegung kann nur bei entsprechend geringen Entfernungen zum Grün eingesetzt werden. Bei etwas größeren Entfernungen oder bei Schlägen aus höherem Rasen wird mehr Schwung benötigt und der Schlag deshalb besser mit der »klassischen« Chip-Bewegung ausgeführt.

Auch beim Standard-Chip legt der Ball einen großen Teil der Strecke rollend zurück. Vor dem Schlag muss deshalb das Grün gelesen werden. Die Wahl des Schlägers hängt von der beabsichtigten Flugbahn des Balls ab. Wie Sie wissen, wird das Eisen 9 beim Chippen am häufigsten verwendet. Es ist Ihnen vom Chip-Putt bereits vertraut. Deshalb sollten Sie zunächst wiederum mit diesem Schläger üben. Entwickeln Sie mit dem Eisen 9 ein Gefühl und eine gewisse Routine für den Standard-Chip, bevor Sie auch andere Schläger einsetzen.

## Einführung in die Technik

Beim Putt und beim Chip-Putt war es wichtig, die Handgelenke möglichst stabil zu halten. Das haben wir unter anderem durch den speziellen Griff erreicht. Den Standard-Chip führen wir nun mit dem Griff aus, den wir auch für den halben Schwung, den Pitch-Schlag und den vollen Schwung benötigen. Dieser Griff gibt den Handgelenken die bei größeren Ausholbewegungen nötige Bewegungsfreiheit.

## Der Griff

**1**  Legen Sie den Schlägergriff des Eisens 9 so an die geöffnete linke Hand, dass er das Wurzelgelenk des Zeigerfingers kreuzt. Anders als beim Putten verläuft der Griff aber nicht entlang der Lebenslinie zwischen Daumenballen und Handwurzelballen, sondern liegt schräg unterhalb des Handwurzelballens (39).

**39** So liegt der Schläger in der linken Hand

**2**  Beim Schließen der Hand legt sich der Handwurzelballen auf der Oberseite des Schlägergriffs ab. Der Daumen befindet sich leicht rechts auf der Oberseite des Schlägergriffs (siehe Abb. 40, Seite 52 oben).

**40** Griff-Check

**41** Der Schläger liegt in der rechten Hand etwas
    mehr in den Fingern

Zur Eigenkontrolle kann folgender **Griff-Check** vorgenommen werden:
Heben Sie den Schläger aus der linken Hand nach oben an, bis er parallel zum Boden verläuft. Der linke Ellbogen liegt am Oberkörper an. Die vordere untere Kante des Schlägers zeigt senkrecht nach oben. Wenn Sie Ihren Kopf gerade (!) nach vorn neigen, müssten aus dieser Perspektive die Knöchel des Zeigefingers und des Mittelfingers der linken Hand deutlich zu sehen sein. Das aus Daumen und Verlängerung des Zeigefingers gebildete V zeigt zwischen rechtes Ohr und rechte Schulter.

**3** Nehmen Sie jetzt die rechte Hand an den Schläger. Der kleine Finger legt sich dabei auf den Spalt zwischen Zeigefinger und Mittelfinger der linken Hand (deshalb wird dieser Griff auch »Overlapping grip« genannt). Der Schlägergriff verläuft schräg durch die Finger der rechten Hand. Der rechte Zeigefinger ist etwas abgespreizt (41).

**42** So haben Sie den Schläger gut in der Hand

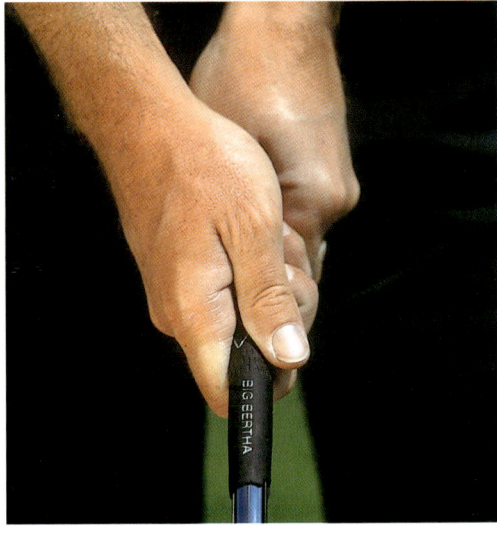

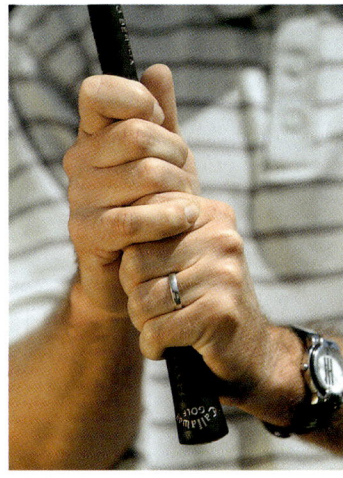 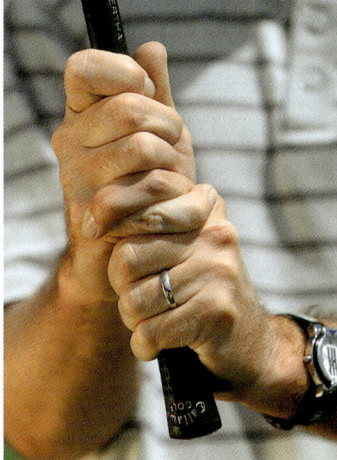 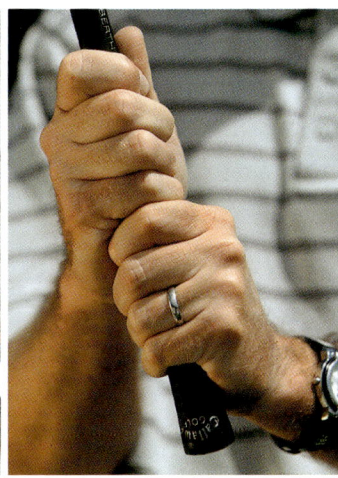

**43** Overlapping grip          **44** Interlocking grip          **45** Baseball grip/Zehn-Finger-Griff

**4** Beim Schließen der rechten Hand legt sich deren Lebenslinie auf den Daumen der linken Hand. Der rechte Daumen liegt auf der linken Seite des Schlägergriffs. Die Kuppen des Zeigefingers und des Daumens der rechten Hand berühren sich leicht. In der Griff-Check-Position ist der linke Daumen nicht mehr zu sehen. Das aus Daumen und Verlängerung des Zeigefingers der rechten Hand gebildete V zeigt in dieselbe Richtung wie das aus Daumen und Verlängerung des Zeigefingers der linken Hand gebildete V. Der Schläger wird mit Mittelfinger, Ringfinger und kleinem Finger der linken Hand sowie Mittelfinger und Ringfinger der rechten Hand etwas fester gegriffen. Daumen und Zeigefinger beider Hände liegen nur leicht an. Die Lebenslinie der rechten Hand übt leichten Druck auf den linken Daumen aus. Achten Sie aber darauf, dass die Hände nicht verkrampfen. Die meisten Anfänger überschätzen den erforderlichen Griffdruck. Es ist nur so viel Druck nötig, dass der Schläger nicht aus den Händen rutscht (42).

Der »Overlapping grip« ist der am weitesten verbreitete Griff (43). Darüber hinaus gibt es noch zwei weitere Griffarten: den »Interlocking grip« (44) und den Zehn-Finger-Griff oder »Baseball grip« (45). Die Griffe unterscheiden sich nur minimal: Beim »Interlocking grip« liegt der kleine Finger der rechten Hand nicht wie beim »Overlapping grip« auf dem Spalt zwischen Zeige-

| Tipps |  |
|---|---|
| 1 | Üben Sie den neuen Griff möglichst täglich, um die anfangs vielleicht etwas ungewohnte Haltung bald zur Routine werden zu lassen. Sie müssen dafür nicht unbedingt auf den Golfplatz gehen. Üben Sie zu Hause oder im Büro. |
| 2 | Gehen Sie dabei immer wie oben beschrieben vor – erst wird die linke Hand richtig platziert, dann kommt die rechte Hand dazu. |

und Mittelfinger der linken Hand, sondern verhakt sich mit dem linken Zeigefinger. Beim »Baseball grip« liegen alle zehn Finger am Schlägergriff an. Der kleine Finger der rechten Hand und der linke Zeigefinger berühren sich.

Grundsätzlich sollten Sie den »Overlapping grip« verwenden. Bei diesem Griff bilden die Hände eine harmonische Einheit. Für Spieler mit sehr kleinen Händen ist das Überlappen der Finger manchmal schwierig. Sie sollten den »Interlocking grip« versuchen. Durch das Einhaken der Finger wird ein Wegrutschen verhindert. Die Hände bilden aber weiter eine Einheit. Der Zehn-Finger-Griff sollte nur dann verwendet werden, wenn die Finger – wie etwa bei Kindern – so klein sind, dass die beiden anderen Griffe Schwierigkeiten bereiten.

## Stand und Ballposition

Stellen Sie die Füße parallel zur Ziellinie in einem Abstand von circa 20 Zentimeter nebeneinander auf (enger Stand). Der Ball liegt etwas rechts von der Mitte der beiden Füße.

## Die Haltung

Die Körperhaltung entspricht im Wesentlichen derjenigen beim Putten (siehe Erläuterung Seite 29). Wenn Sie diese Haltung einnehmen und den Schlägerkopf auf den Boden aufstellen, werden Sie sehen, dass der Schlägerschaft aufgrund des neuen Griffs nicht mehr so steil steht wie beim Chip-Putt. Es liegt nun die gesamte Sohle des Schlägerkopfes auf.

Wie beim Chip-Putt wird das Eisen 9 beim Standard-Chip kürzer gegriffen, indem die Hände am Griff entlang etwas nach unten

**46** Schlägerschaft und linker Arm bilden eine Linie

**47** Die Haltung aus der Seitenansicht

**48** Die Ausholbewegung von vorn...

**49** ... und von der Seite

wandern. Ein »kürzerer« Schläger ist handlicher, leichter zu bewegen und damit auch besser zu kontrollieren. Sie stehen näher am Ball und können die Augen fast über den Ball bringen. Damit haben Sie einen besseren Blick für die Ziellinie.

Bewegen Sie aus der Ausgangshaltung heraus die Hände so weit in Richtung Ziel, bis der Schlägerschaft und der linke Arm eine Linie bilden. Hände und Schlägergriff befinden sich nun vor dem Ball. Verschieben Sie gleichzeitig Ihren Körper minimal nach links, bis etwa 70 Prozent des Gewichts auf dem linken Fuß lasten. Achten Sie darauf, dass die Schlagfläche im rechten Winkel zur Ziellinie steht. Sie können das an der vorderen unteren Kante des Schlägerkopfes beziehungsweise an der untersten Rille der Schlagfläche kontrollieren (46+47).

### Die Chip-Bewegung

Auch beim Standard-Chip steuern Schultern und Arme die Bewegung. Das Dreieck aus Schultern und Armen pendelt wie beim Putten vor dem Körper. Dabei bleiben die Hände – wie schon in der Ausgangshaltung – vor dem Schlägerkopf. Wie beim Putten schlägt das Pendel nach beiden Seiten gleich weit aus. Das Gewicht bleibt während der gesamten Bewegung unverändert mit 70 Prozent auf dem linken Fuß. Bei Schlägen aus größeren Entfernungen und dementsprechend größeren Ausschlägen des Pendels drehen sich die Schultern beim Ausholen leicht nach rechts und beim Durchschwung leicht nach links. Der neue Griff ermöglicht, dass sich auch die Handgelenke im Rückschwung leicht mitbewegen (48+49). Lassen Sie diese kleine Bewegung der Handgelenke

50 Der Treffmoment von vorn...

51 ...und von der Seite

passiv geschehen. Sie wird Ihnen einen gefühlvollen und rhythmischen Schwung erleichtern.

Der größte Unterschied zum Putten liegt darin, dass der Ball beim Chippen in einer leichten Abwärtsbewegung getroffen wird und der Schläger den Rasen nach dem Treffen leicht »bürstet«.

Der Ball wird in einer leichten Abwärtsbewegung getroffen

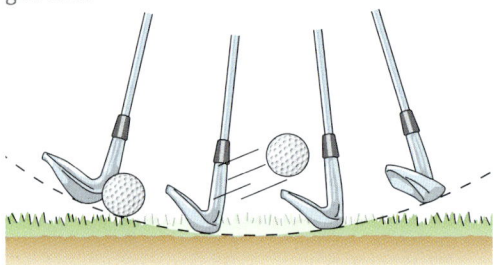

Erreichen können wir das, indem sich die Hände im Treffmoment wieder vor dem Ball befinden (50+51).

Bei größeren Pendelbewegungen wird der Durchschwung zusätzlich von einer leichten Bewegung der Beine und Hüften begleitet. Das rechte Knie bewegt sich zum linken Knie. Dabei wird sich die Hüfte leicht nach links drehen. Diese unterstützende Bewegung des Unterkörpers gibt den Armen den Freiraum, mit stabilen Händen durchzuschwingen. In der Endposition, die Sie wiederum für einen kurzen Moment lang beibehalten sollten, bilden linker Arm und Schlägerschaft eine Linie (52+53).

Auf keinen Fall sollen linker Arm und Schlägerschaft in der Endposition in einem Winkel zueinander stehen. Dieser Fehler ist wohl deshalb so häufig zu beobachten, weil der

**52+53** Wie beim Werfen eines Balls bleibt der Unterkörper nicht steif, sondern bewegt sich rhythmisch mit

54 Fehler: die schaufelartige Bewegung aus den

Spieler versucht, den Ball mit einer Schaufelbewegung aus den Handgelenken heraus
zum Fliegen zu bringen (54).

### ÜBUNGEN

**Lernziel 1:**
**Einführung in die Chip-Bewegung**
Suchen Sie sich ein Ziel auf einer möglichst
ebenen Fläche des Übungsgrüns. Das Ziel
sollte ungefähr 6 Meter vom Rand des Grüns
entfernt liegen. Gehen Sie vom Grünrand
aus etwa 4 Meter zurück und legen Sie dort
zwei Schläger parallel zueinander auf den
Boden, die Griffe zeigen zum Ziel. Der Abstand zwischen den beiden Schlägern beträgt
etwa 25 Zentimeter. Nehmen Sie die korrekte
Haltung ein. Stellen Sie den Schlägerkopf
des Eisens 9 im rechten Winkel zwischen die

beiden am Boden liegenden Schlägerschäfte. Dabei soll zwischen der Spitze des Eisens 9 und dem weiter von Ihnen entfernt liegenden Schläger nur etwa ein Zentimeter Spielraum sein.

Bei größeren Pendelbewegungen wird sich der Schläger aufgrund der leichten Schulterdrehung in der Ausholbewegung etwas von dem am Boden liegenden Schläger entfernen und sich Richtung Mitte des Korridors bewegen. Achten Sie auf die Abwärtsbewegung des Schlägerkopfes und »bürsten« Sie beim Durchschwung den Rasen mit Ihrem Schläger. Beim Durchschwung wird der Schlägerkopf entlang des am Boden liegenden Schlägerschaftes Richtung Ziel schwingen, bevor er aufgrund der Körperdrehung wiederum eine leichte Bewegung in Richtung der Mitte des Korridors macht. Der Schlägerkopf des Eisens 9 soll aber bei Ihren Pendelbewegungen zu keinem Zeitpunkt den von den Schlägerschäften gebildeten Korridor verlassen.

Wiederholen Sie die Bewegung einige Male, bevor Sie einen Ball dazu nehmen. Bei korrekter Ausführung wird der Ball in einem leichten Bogen wegfliegen und nach dem Landen einige Meter ausrollen. Spüren Sie, dass der Ball ohne Ihr Zutun in die Luft steigt! Allein die Neigung der Schlagfläche (Loft) bringt den Ball zum Fliegen (55+56).

**Lernziel 2: Gefühl für die leichte Abwärtsbewegung des Schlägers im Treffmoment entwickeln**

Legen Sie nun einen Schläger so in einem rechten Winkel zur Ziellinie, dass sich der Griff 20 Zentimeter hinter dem Ball befindet.

**55** Übung 1: Haltung

**56** Ausholbewegung

**57** Übung 2

**58** Übung 3

Machen Sie eine Pendelbewegung. Bei korrekter Ausführung bewegt sich der Schlägerkopf über den Griff des am Boden liegenden Schlägers, ohne diesen zu berühren. Der Ball wird in der Abwärtsbewegung getroffen. Nach dem Treffen bürstet der Schlägerkopf den Rasen, bevor er sich im Durchschwung wieder leicht nach oben bewegt (57).

**Lernziel 3: Stabilität der Handgelenke beim Durchschwung und Vermeidung einer Schaufelbewegung**
Halten Sie zwei Schläger wie in der Abbildung 58 gezeigt. Der zweite Schläger verlängert den Schaft unseres Eisens 9 und liegt leicht an der linken Seite des Oberkörpers

an. Führen Sie eine Chip-Bewegung aus. Verharren Sie dabei für einen kurzen Moment in der Endposition. Werden die Handgelenke im Durchschwung eingesetzt (schaufeln), schlägt die Verlängerung des Eisens 9 an den Oberkörper an.

## Einsatz verschiedener Schläger

Die Wahl des richtigen Schlägers hängt von der Lage des Balls und vor allem davon ab, wie weit der Ball fliegen beziehungsweise rollen soll. Grundsätzlich kann der Chip-Schlag mit jedem der mitgeführten Schläger ausgeführt werden. Profis sieht man sogar manchmal mit einem der Hölzer chippen. Freizeitspieler sollten sich aber auf drei Schläger beschränken und durch häufiges Wiederholen des Schlages Konstanz in ihr Spiel bringen. Zu viele verschiedene Schläger würden dies unnötig erschweren. Zu dem Eisen 9, mit dem Sie bereits Ihre ersten Übungen ausgeführt haben, sollten Sie noch das Eisen 7 und das Sand Wedge nehmen. Mit diesen drei Schlägern werden Sie bald in der Lage sein, alle Standardsituationen gut zu meistern.

**59** Übung 1

Die folgende Übung soll Ihnen zeigen, wie die drei Schläger das Flug- und das Rollverhalten des Balls jeweils unterschiedlich beeinflussen:

### ÜBUNGEN

**Lernziel: Auswirkungen der verschiedenen Schläger auf die Flugbahn und das Rollverhalten des Balls kennen lernen**
**1** Stecken Sie auf dem Grün etwa 1 Meter vom Grünrand entfernt mit vier Tees ein Quadrat von circa 50 x 50 Zentimeter ab. Legen Sie sich in einer Entfernung von circa 3 Meter zum Grünrand das Sand Wedge, das Eisen 9 und das Eisen 7 sowie mehrere Bälle zurecht (59).
Beginnen Sie mit dem Ihnen vertrauten Eisen 9. Führen Sie mehrere Chip-Schläge aus und passen Sie die Größe der Pendelbewegung so an, dass der Ball im Quadrat landet. Sobald Ihnen das gelingt, sollten Sie beobachten, wie weit der Ball ausrollt. Alle gut getroffenen Bälle, die im Quadrat landen, werden in etwa gleich weit rollen. Markieren Sie diese Stelle durch ein Tee, nachdem mindestens fünf Bälle im Quadrat gelandet sind.
Wiederholen Sie den Übungsablauf zunächst mit dem Eisen 7 und anschließend mit dem Sand Wedge. Sie werden feststellen, dass die Bälle, die mit dem Sand Wedge geschlagen wurden, weniger weit ausrollen als diejenigen, bei denen Sie das Eisen 9 verwendet haben. Bei den Schlägen mit dem Eisen 7 rollt der Ball am weitesten. Ursache dafür ist die bei den drei verwendeten Schlägern jeweils unterschiedliche Neigung der Schlagfläche (Loft). Die starke Neigung der Schlagfläche beim Sand Wedge gibt dem Ball viel Rück-

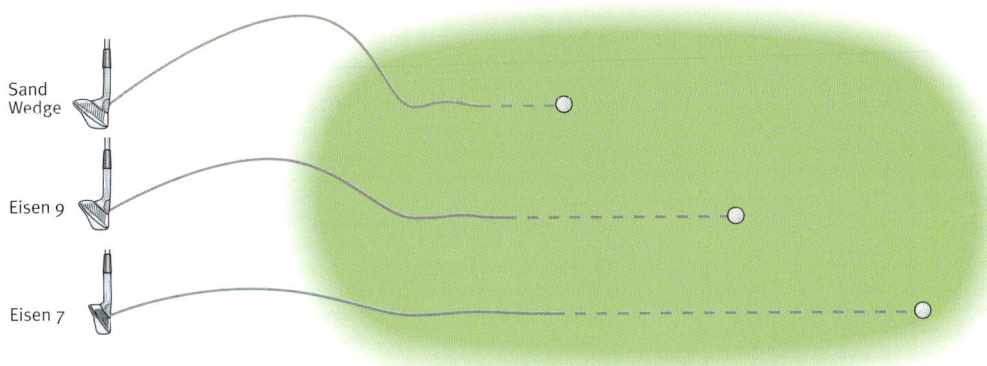

Die unterschiedlichen Flug- und Rollphasen beim Einsatz von Sand Wedge, Eisen 9 und Eisen 7

wärtsdrall und lässt ihn hoch fliegen. Dadurch landet er steil auf dem Grün und rollt nur wenig aus. Das Eisen 7 hat gegenüber dem Sand Wedge und dem Eisen 9 weniger Loft. Die Bälle fliegen deshalb flacher, haben weniger Rückwärtsdrall, landen weniger steil auf dem Grün und rollen demnach weiter aus.

Beim Chip legt der Ball einen Teil der Gesamtstrecke fliegend und den anderen Teil rollend zurück. Die Wahl des richtigen Schlägers ist nun davon abhängig, wie weit der Ball fliegen und wie weit er ausrollen soll. Die Übung hat uns gezeigt, welcher Schläger für welche Situation geeignet ist. Das Eisen 7 verwenden wir, wenn die Flugphase im Vergleich zur Rollphase verhältnismäßig kurz ist (Eisen 7: kurze Flugphase, lange Rollphase). Soll dagegen die Flugphase im Vergleich zur Rollphase länger sein, ist das Sand Wedge vorzuziehen (Sand Wedge: lange Flugphase, kurze Rollphase). Beim Eisen 9 ist die Flug- und Rollphase in etwa ausgeglichen.

**Tipp**

Soweit es die Spielsituation zulässt, sollte eine kurze und flache Flugbahn bei der Schlägerwahl bevorzugt werden. Flachere Schläge können mit einer kleineren und damit leichteren Schwungbewegung ausgeführt werden. Auf diese Weise können Sie den Schläger besser kontrollieren.

Bestimmen Sie vor jedem Chip-Schlag gedanklich den Landepunkt des Balls auf dem Grün. Wählen Sie bevorzugt weniger weit entfernte Landepunkte. Je kürzer die Flugphase, umso leichter ist der Schlag. Der Landepunkt sollte sich aber nach Möglichkeit mindestens 1 Meter vom Grünrand entfernt auf dem Grün befinden. Je geringer der Abstand zwischen Grünrand und Landepunkt ist, umso größer ist die Gefahr, dass der Ball

60 Übung 2

bei zu kurz geratenen Schlägen am Grünrand hängen bleibt.
Um ein Gefühl für das Flug- und Rollverhalten des Balls zu entwickeln, sollten Sie bei
Ihren Übungen wie folgt vorgehen:

**2** Legen Sie in einem Abstand von circa
2 bis 6 Meter vom Grünrand entfernt fünf
Bälle an einer beliebigen Stelle ab. Wählen
Sie eines der auf dem Übungsgrün vorhan-
denen Löcher als Ziel (60). Bestimmen Sie
gedanklich den Landepunkt des Balls und
wählen Sie je nach Verhältnis von Flug- und
Rollphase zwischen dem Sand Wedge, dem
Eisen 9 und dem Eisen 7. Für den Anfang
können Sie den Landepunkt zum Beispiel
durch ein Tee markieren. Führen Sie dann

mit dem gewählten Schläger den Chip-Schlag
aus. Ziel ist es, dass der Ball höchstens 1 bis
2 Meter vom Loch entfernt zum Liegen
kommt (der Chip ersetzt den ersten Putt!).
Nähern Sie sich diesem Ziel, indem Sie gegebenenfalls den Landepunkt verändern
und/oder den Schläger wechseln.
Variieren Sie Ihren Standpunkt und das angespielte Ziel nach jeweils fünf Schlägen mit
demselben Schläger. Auf diese Weise vermeiden Sie Monotonie und lernen mit verschiedenen Situationen umzugehen. Das ist
wichtig für das Spiel auf dem Platz. Dort
stellt Sie jeder Schlag vor eine neue Aufgabe,
die nur durch eine geschulte Vorstellung
von Flug- und Rollverhalten des Balls auf
Anhieb gelöst werden kann.

# C h e c k b o x

**1**    Der Standard-Chip kommt bei kurzen Entfernungen von bis zu circa 20 Meter um das Grün herum zum Einsatz.

**2**    Der Standard-Chip wird mit demselben Griff ausgeführt, der für die langen Schläge verwendet wird. Dabei sind die Knöchel von Zeige- und Mittelfinger der linken Hand in der Griff-Check-Position deutlich zu sehen. Die aus Daumen und Zeigefinger gebildeten Vs beider Hände zeigen zwischen rechtes Ohr und rechte Schulter. Wie beim Chip-Putt wird der Schläger kürzer gegriffen.

**3**    Die Füße stehen parallel zur Ziellinie in einem Abstand von circa 20 Zentimeter nebeneinander. Der Ball liegt leicht rechts von der Mitte des Stands. Das Gewicht ist zu 70 Prozent auf dem linken Fuß.

**4**    Der Körper ist parallel zur Ziellinie ausgerichtet. Die Hände befinden sich  vor dem Ball. Linker Arm und Schlägerschaft bilden eine Linie.

**5**    Schultern und Arme steuern die Bewegung. Die Hände bleiben während der gesamten Bewegung vor dem Schlägerkopf. Das Gewicht bleibt unverändert zu 70 Prozent auf dem linken Fuß. Der Ball wird in einer leichten Abwärtsbewegung getroffen.

# Halber Schwung

Dieses Buch führt Sie von einfachen zu komplexeren Bewegungsabläufen. Bevor wir deshalb zum nächsten Annäherungsschlag, dem Pitch, übergehen, wollen wir den halben Schwung trainieren. Der halbe Schwung ist eine wichtige Vorübung für die folgenden Lektionen und setzt den Grundstein für den vollen Schwung.

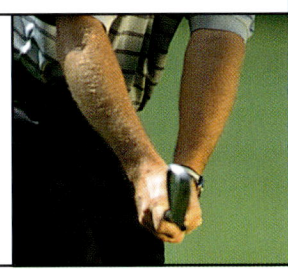

In Ihrem Trainingsplan sollten Sie ausreichend Zeit für den halben Schwung vorsehen und erst dann mit den weiteren Lektionen fortfahren, wenn Sie die Bewegung beherrschen. Auf diese Weise können Sie auf bereits Erlerntes zurückgreifen und sich ganz auf die neu hinzukommenden Elemente konzentrieren, wenn die Bewegung nach und nach verfeinert und langsam zum vollen Schwung ausgebaut wird.

## Einführung in die Technik

Der halbe Schwung dient in erster Linie als Vorübung für den Pitch-Schlag und den vollen Schwung. Er kann aber durchaus in der Praxis zum Einsatz kommen. Denkbar ist der halbe Schwung etwa bei Schlägen, die unter Bäumen oder Sträuchern ausgeführt werden müssen. Größere Ausholbewegungen sind dort unter Umständen nicht möglich. Mit dem halben Schwung werden Sie den Ball nicht sehr weit schlagen können. Das ist auch gar nicht nötig. Viel wichtiger ist ein sauberes Treffen. Wir wollen den halben Schwung mit dem Eisen 9 ausführen, das Ihnen vom Chip bereits vertraut ist.

## Der Griff

Den halben Schwung führen wir mit dem Griff aus, den wir für den Standard-Chip verwendet haben. Lesen Sie zur Wiederholung die Erläuterungen auf Seite 51.

## Stand und Ballposition

Richten Sie den Körper parallel zur Ziellinie aus. Denken Sie an die parallel verlaufenden Eisenbahnschienen (siehe Seite 32)! Im Vergleich zum Chippen stehen Sie nun etwas breiter, um trotz der größeren Schwungbewegung das Gleichgewicht halten zu können. Je nach verwendetem Schläger sind Standbreite und Ballposition verschieden. Hierauf werden wir beim vollen Schwung noch zurückkommen.

Bei der Verwendung des Eisens 9 sollten die Fersen nicht ganz schulterbreit auseinander sein. Nun wird die linke Fußspitze etwa 25 bis 30° zum Ziel hin ausgedreht. Das erleichtert die Körperdrehung beim Durchschwung. Der rechte Fuß bleibt in etwa senkrecht zur Ziellinie stehen, die Fußspitzen sind nur minimal nach außen gedreht. Ein senkrecht zur Ziellinie ausgerichteter Fuß gibt mehr Stabilität beim Ausholen. Das Körpergewicht ist auf beiden Füßen gleich verteilt. Der Ball liegt beim Eisen 9 in der Standmitte.

## Die Haltung

**1**  Stehen Sie zunächst aufrecht und halten Sie den Schläger vor sich parallel zum Boden. Dabei können Sie Ihren Griff nochmals kontrollieren (61A).

**2**  Beugen Sie nun aus der Hüfte heraus den Rumpf nach vorn, bis die Schultern über den Fußballen sind. Dabei wird sich der Po etwas nach hinten schieben. Mit dieser Bewegung senkt sich der Schläger bereits in Richtung Boden. Achten Sie darauf, dass sich das Kinn nicht Richtung Brust senkt. Nur so kann die bei langen Schlägen erforderliche Schulterdrehung korrekt ausgeführt werden (61B).

**3**  Jetzt werden die Knie leicht gebeugt. Schieben Sie die Knie aber nicht so weit nach vorn, dass eine Sitzhaltung entsteht! Machen Sie keinen Rundrücken, aber auch kein Hohlkreuz! Senken Sie aus dieser Haltung die Arme ab, bis der Schlägerkopf den Boden berührt. Der untere Rücken bleibt gerade. Der Schulterbereich ist entspannt und die Arme hängen locker nach unten. Die Oberarme liegen leicht am Oberkörper an. Die Hände sind nicht wie beim Putten auf einer Geraden unterhalb der Schultern, sondern minimal vor dieser gedachten Geraden. Oberschenkel und Hände sind etwa eine Handbreite voneinander entfernt. Verteilen Sie das Körpergewicht gleichmäßig auf Fersen und Zehen beider Füße (61C).

Da die rechte Hand den Schläger etwas weiter unten greift als die linke, ist auch die rechte Schulter in dieser Haltung etwas tiefer als die linke Schulter. Der Oberkörper ist deshalb minimal nach rechts geneigt. Die Hände befinden sich leicht links von der Körpermitte, also etwas vor dem Ball. Der Kopf bleibt gerade, das heißt beide Augen befinden sich auf gleicher Höhe. Vermeiden Sie ein Kippen des Kopfes nach links oder rechts (62).

**61** Die drei Schritte zur richtigen Haltung

62 Die Haltung aus der Frontalansicht

## Ausführung des halben Schwungs

Anfänger scheuen sich häufig davor, mit dem Schläger den Boden zu treffen. Zum Üben können die Bälle deshalb anfangs von einem Tee gespielt werden. Dadurch wird der Schlag auch etwas leichter. Stecken Sie das Tee so weit in den Boden, dass der Ball etwa einen Zentimeter über der Grasnarbe liegt.

### Ausholbewegung

**1** Nehmen Sie Griff, Stand und Haltung wie oben beschrieben ein. Schultern, Arme, Hände, Hüften und Schläger bewegen sich im ersten Teil der Ausholbewegung in einer Einheit nach rechts, bis sich die Hände gegenüber vom rechten Oberschenkel befinden. Das Gewicht wird dabei leicht auf die Innenseite des rechten Fußes verlagert. Der Oberkörper fängt an, sich leicht um die Wirbelsäule nach rechts zu drehen (63). Die Nei-

63 Der erste Teil der Ausholbewegung

# Tipps

1   Die Bedeutung von Griff, Stand und Haltung für ein gutes Ergebnis wird häufig unterschätzt. Tatsächlich liegen die Ursachen für einen Fehlschlag oft in der mangelhaften Vorbereitung auf den Schlag. Sie sollten deshalb ausreichend Zeit für diese wichtigen Elemente des Schlages verwenden.

2   Griff, Stand und Haltung können Sie auch gut zu Hause vor einem Spiegel üben.

**64** Am Ende der Ausholbewegung ist der Schläger parallel zum Boden und zur Ziellinie

gung der Wirbelsäule bleibt konstant. Die Knie bleiben gebeugt.

**2** Aus dieser Position werden die Schultern weiter nach rechts gedreht. Während die Arme weiter schwingen, drehen sich die Unterarme ganz leicht mit nach rechts und die Handgelenke bewegen den Schläger bis zur Waagrechte nach oben. Der linke Arm ist gestreckt. Der rechte Arm hat etwas nachgegeben. Die Schultern haben sich stärker gedreht als die Hüften. Der größte Teil des Gewichts lastet auf dem rechten Fuß. Achten Sie aber darauf, dass das rechte Knie gebeugt bleibt! Das rechte Bein ist stabil und stützt den Körper. Bei korrekter Ausführung befindet sich der Schläger in dieser Position parallel zum Boden und parallel zur Ziellinie. Der linke Handrücken steht senkrecht zum Boden (64A+B).

**Ab- und Durchschwung**

Der Abschwung wird eingeleitet durch eine leichte, seitliche Bewegung der Hüften nach links, die fließend in eine Linksdrehung übergeht. Während die Arme nach unten schwingen, drehen sich die Unterarme wieder leicht nach links und die Handgelenke strecken sich. Mit der Drehbewegung des Körpers schwingen die Arme weiter durch. Der Durchschwung soll genauso groß sein wie die Ausholbewegung. Deshalb ist auch in der Endposition der Schläger in etwa parallel zum Boden und parallel zur Ziellinie. Die Schlägerspitze zeigt dabei senkrecht nach oben. Das Gewicht lastet in der Endposition ganz auf dem linken Fuß. Der Körper hat sich so weit nach links gedreht, dass der Bauchnabel jetzt leicht rechts am Ziel vorbei zeigt. Das rechte Knie hat sich zum linken Knie bewegt. Durch die Gewichtsverlagerung und die Drehung des Körpers hat sich die Ferse des rechten Fußes etwas vom Boden gelöst. Der rechte Fuß ist leicht nach innen gekippt und steht nur noch auf dem Ballen des großen Zehs (64C).

Vermeiden Sie eine Hoch-Tief-Bewegung des Oberkörpers. Der Oberkörper dreht sich zwar um die Wirbelsäule, deren Neigung aber bleibt während der gesamten Drehbewegung konstant. Der Oberkörper ist deshalb in der Endposition leicht nach rechts geneigt, die rechte Schulter ist etwas tiefer als die linke. Der Blick ist während der gesamten Bewegung auf den Ball gerichtet. Damit die Augen den Ball verfolgen können, ist eine leichte Drehung des Kopfes notwendig. Ansonsten bleibt der Kopf aber während der gesamten Bewegung stabil. Er ist in der Endposition wie der Oberkörper leicht nach

rechts geneigt (siehe Abb. Seite 64). Vermeiden Sie trotz des Einsatzes der Handgelenke eine Schaufelbewegung mit dem Schläger! Der Ball fliegt allein durch die Neigung des Schlägerkopfes hoch.

## ÜBUNGEN

**Lernziel 1: Gefühl für die Einheit von Schultern, Armen, Händen, Hüften und Schläger im ersten Teil der Ausholbewegung entwickeln**

Halten Sie den Schläger in der rechten Hand. Das Griffende berührt das Brustbein. Greifen Sie den Schläger mit ausgestreckten Armen am Schaft und nehmen Sie die auf Seite 66 beschriebene Haltung ein. Dabei wird sich der Schlägerkopf etwa 20 Zentimeter über dem Ball befinden (65).

**65** Übung 1: Haltung

**66** Ausholbewegung

Führen Sie nun den ersten Teil der Ausholbewegung durch, bis sich die Hände gegenüber des rechten Oberschenkels befinden. Dabei bleibt das Griffende am Brustbein. Sie werden sehen, dass das vom linken Arm, rechten Arm und Schläger gebildete Ypsilon während der Ausholbewegung unverändert bleibt. Spüren Sie die leichte Drehbewegung des Körpers nach rechts, während die Neigung der Wirbelsäule konstant bleibt. Die Schlagfläche hat sich mit der Drehbewegung des Körpers nach rechts aufgedreht und steht nun nicht mehr senkrecht zur Ziellinie wie noch in der Ausgangsposition. Sie können sich das wie das Öffnen einer Tür vorstellen (66, Seite 69).

**67** Übung 2

**Lernziel 2: Gefühl für die Schlägerposition am Ende der Ausholbewegung entwickeln**
Legen Sie sich das Eisen 9 und einen weiteren Schläger bereit. Nehmen Sie den korrekten Stand wie auf Seite 65 beschrieben ein. Legen Sie den zweiten Schläger parallel zur Ziellinie mit dem Griffende an den kleinen Zeh des rechten Fußes. Nehmen Sie nun auch die korrekte Griff- und Körperhaltung wie auf Seite 66 beschrieben ein und führen Sie mit dem Eisen 9 die Ausholbewegung durch. Bei korrekter Ausführung zeigt das Eisen 9 in die gleiche Richtung wie der am Boden liegende Schläger. Wenn Sie die rechte Hand öffnen würden, könnten Sie sie einer rechts von Ihnen stehenden Person zum Gruß reichen (67).

**Lernziel 3: Die einzelnen Elemente des halben Schwungs in eine flüssige Bewegung zusammenführen**
Stecken Sie ein Tee so tief in den Boden, dass noch etwa 1 Zentimeter davon zu sehen ist. Nehmen Sie Griff, Stand und Haltung wie auf den Seiten 51 und 65f. beschrieben ein. Das Tee befindet sich in der Mitte des Standes. Führen Sie die Ausholbewegung und den Durchschwung in einer harmonischen, rhythmischen und flüssigen Bewegung durch, ohne am Ende der Ausholbewegung oder im Treffmoment zu stoppen. Konzentrieren Sie sich auf die Schwungbewegung. Bei korrekter Ausführung werden Sie das Tee ohne weiteres Zutun treffen. Nehmen Sie erst dann einen Ball dazu, wenn Sie ein Gefühl für die Schwungbewegung entwickelt haben und das Tee regelmäßig treffen. Spielen Sie den Ball von einem Tee. Bei einem guten Schlag werden Sie nicht nur den Ball, sondern auch das Tee leicht treffen.

# C h e c k b o x

**1**   Der halbe Schwung ist eine wichtige Vorübung für den Pitch-Schlag und den vollen Schwung.

**2**   Bei Verwendung des Eisens 9 stehen die Fersen nicht ganz schulterbreit auseinander. Die linke Fußspitze ist leicht zum Ziel hin ausgedreht. Das Körpergewicht ist auf beiden Füßen gleich verteilt. Der Ball liegt in der Mitte des Stands.

**3**   In der Ausgangshaltung wird der Rumpf aus den Hüften heraus nach vorn gebeugt, bis die Schultern über den Fußballen sind. Der Rücken bleibt gerade.  Die Knie sind leicht gebeugt. Die Arme hängen locker nach unten.

**4**   In der Ausholbewegung dreht sich der Oberkörper um die Wirbelsäule nach rechts. Die Schultern drehen stärker als die Hüften. Das Gewicht verlagert sich auf den rechten Fuß. Das rechte Bein ist stabil. Die Ausholbewegung endet, wenn der Schläger parallel zum Boden ist.

**5**   Der Abschwung wird durch eine Bewegung der Hüften eingeleitet. Die Schultern folgen der Drehung der Hüften. In der Endposition ist der Schläger wieder parallel zum Boden. Der Bauchnabel zeigt leicht rechts am Ziel vorbei. Das Gewicht lastet auf dem linken Fuß.

# Pitchen

Wie der halbe Schwung ist die Pitch-Bewegung eine ver-
kleinerte Version des vollen Schwungs mit einigen wenigen
Besonderheiten. Beim Üben sammeln Sie weitere wichtige
Bausteine auf Ihrem Weg zum vollen Schwung.

Der Pitch wird angewendet bei Schlägen aus einer Entfernung von circa 10 bis 80 Meter um das Grün herum. Allgemein gilt: Je kleiner und einfacher die Bewegung ist, umso leichter lässt sich der Ball kontrollieren. Deshalb sollten Sie aus geringen Entfernungen zum Loch bevorzugt chippen und den Pitch nur dann einsetzen, wenn etwa besonders hohes Gras oder ein sonstiges Hindernis überwunden werden muss.

## Einführung in die Technik

Der Pitch wird bevorzugt mit dem Sand Wedge ausgeführt. Dieser Schläger wird den Ball hoch fliegen und durch den starken Rückwärtsdrall nach dem Landen nur kurz ausrollen lassen. Das Pitching Wedge hat weniger Loft und wird eingesetzt, wenn die Entfernung für das Sand Wedge zu groß ist oder der Ball flacher fliegen soll. Das Lob Wedge hat im Vergleich zum Sand Wedge noch mehr Neigung; es wird für sehr hohe und kurze Schläge verwendet. Das Lob Wedge ist in einem Standardschlägersatz nicht enthalten und wird je nach individuellem Bedarf gegebenenfalls hinzugefügt.

### Der Griff

Nehmen Sie das Sand Wedge zur Hand. Verwenden Sie denselben Griff, mit dem Sie schon den Standard-Chip und den halben Schwung ausgeführt haben. Diesen Griff werden wir später auch beim vollen Schwung anwenden.

### Stand und Ballposition

Richten Sie den Körper parallel zur Ziellinie aus. Denken Sie immer an die beiden parallel verlaufenden Eisenbahnschienen! Die Fersen sind etwa hüftbreit auseinander. Der rechte Fuß bleibt in etwa senkrecht zur Ziellinie. Die linke Fußspitze wird circa 25–30° zum Ziel hin ausgedreht. Zusätzlich sollten Sie den linken Fuß beim Pitchen etwas von der Ziellinie zurücksetzen. Dieser »offene Stand«, der bei den meisten erfolgreichen Spielern zu beobachten ist, schafft mehr Raum für den Durchschwung. Das Körpergewicht lastet zu etwa 60 Prozent auf dem linken Fuß. Der Ball liegt genau in der Mitte des Stands.

### Die Haltung

Nehmen Sie die gleiche Haltung ein, die Sie schon vom halben Schwung her kennen (68, Seite 74).

**68** Ausgangshaltung: Die Hände sind vor dem Ball

**69** Ausholbewegung: Neun-Uhr-Position

**72** Der Schläger zeigt auf die Verlängerung der Ziellinie

## Die Pitch-Bewegung

Der Pitch zählt wie der Putt und der Chip zum kurzen Spiel. Allen drei Schlägen ist gemeinsam, dass je nach Entfernung zum Ziel unterschiedlich große Schwungbewegungen erforderlich sind. Beim Einüben der Pitch-Bewegung sollten Sie von einer bestimmten Basisgröße des Schwungs ausgehen und erst nach und nach variieren. Diese Bewegung ist größer als der halbe Schwung und gekennzeichnet durch einen stärkeren Einsatz der Handgelenke in der Ausholbewegung.

**Ausholbewegung**

**1** Beim ersten Teil der Ausholbewegung können Sie auf Bekanntes zurückgreifen. Sie haben die Bewegung beim halben Schwung erlernt. Bewegen Sie Schultern, Arme,

70 Treffmoment: Die Hände sind vor dem Ball

71 Drei-Uhr-Position

73 Treffmoment von der Seite

74 Ende des Durchschwungs

Hände, Hüften und Schläger in einer Einheit nach rechts, bis sich die Hände etwa gegenüber vom rechten Oberschenkel befinden. Der Oberkörper hat damit begonnen, sich leicht um die Wirbelsäule nach rechts zu drehen.

**2** Die Schultern drehen sich weiter nach rechts. Das Gewicht bleibt aber im Wesentlichen auf beiden Füßen, es ist nur minimal nach rechts verlagert. Während sich Arme und Schläger weiter nach oben bewegen, drehen sich die Unterarme leicht nach rechts. Dabei werden die Handgelenke angewinkelt, indem sich die beiden Daumen in Richtung der Unterarme bewegen. Die Arme lösen sich leicht vom Körper. Der rechte Ellbogen gibt etwas nach. Der linke Arm bleibt gestreckt. Gleichzeitig drehen sich die Hüften und das linke Knie leicht nach rechts. Das rechte Bein bleibt stabil. Die Ausholbewegung endet, wenn sich der linke Unterarm fast waagrecht zum Boden befindet. Frontal gesehen bilden Schläger und linker Unterarm bei korrekt angewinkelten Handgelenken am Ende der Ausholbewegung einen rechten Winkel.

Stellen Sie sich eine große Uhr um sich herum vor. In der Ausgangshaltung zeigen die Hände auf die Sechs-Uhr-Position, am Ende auf die Neun-Uhr-Position (69, Seite 74).

In der Seitenansicht wird deutlich, dass sich der Schläger durch die leichte Rotation der Unterarme auf einer schräg zum Boden verlaufenden Ebene befindet. Dabei zeigt das Griffende auf die Verlängerung der Ball-Ziel-Linie (äußere Schiene des imaginären Bahngleises) (72).

Haben sich die Unterarme zu wenig gedreht, wird das Griffende Richtung Füße zeigen; der Schläger steht zu steil. Haben sich die Unterarme zu stark gedreht, zeigt das Griffende auf einen Punkt außerhalb der Ball-Ziel-Linie; der Schläger steht zu flach.

### Abschwung

Wie beim halben Schwung wird der Abschwung eingeleitet durch eine leicht seitliche Bewegung der Hüften nach links, die fließend in eine Linksdrehung übergeht. Die Schultern folgen der Drehung der Hüften. Die Arme schwingen nach unten und nähern sich wieder dem Oberkörper an. Der rechte Arm beginnt, sich zu strecken. Wie schon in der Ausgangsposition befinden sich die Hände auch im Treffmoment leicht vor dem Ball. Die Handgelenke haben sich durch die Fliehkraft des Schlägers wie von selbst entwinkelt. Das Gewicht lastet mehr auf dem linken Fuß. Wegen der Drehung der Hüften hat sich der rechte Absatz leicht vom Boden gelöst (70+73).

### Durchschwung

Die Hüften drehen weiter nach links, bis der Bauchnabel Richtung Ziel zeigt. Der Durchschwung ist genauso groß wie die Ausholbewegung. Wenn Sie sich wieder die Uhr um sich herum vorstellen, sind die Hände am Ende des Durchschwungs auf der Drei-Uhr-Position. Der Schläger zeigt Richtung Ziel und ist nur leicht nach oben geneigt, so dass das Griffende zum Bauchnabel weist. Dabei ist der rechte Arm gerade, der linke Ellbogen hat leicht nachgegeben und zeigt zum Boden. Fast das gesamte Gewicht lastet jetzt auf dem linken Fuß. Die Neigung der Wirbelsäule bleibt während der gesamten Bewegung konstant. Der Blick ist immer auf den Ball gerichtet. Damit die Augen den Ball verfolgen können, ist eine leichte Drehung

Die Abwärtsbewegung im Treffmoment führt zu einem Divot

## Tipps

| | |
|---|---|
| 1 | Sie können den Pitch auf der Driving Range oder auf einem eigens dafür angelegten Übungsgrün, dem so genannten Pitchinggrün, trainieren. |
| 2 | Am Puttinggrün dürfen keine Pitch-Schläge ausgeführt werden, um Einschlaglöcher durch landende Bälle zu vermeiden. |

des Kopfes notwendig. Ansonsten bleibt der Kopf während der gesamten Bewegung stabil. In der Endposition ist er wie der Oberkörper leicht nach rechts geneigt (71+74).

Beim Pitchen wird der Ball genauso wie beim Chippen in einer leichten Abwärtsbewegung des Schlägers getroffen. Der Einsatz der Handgelenke und die größere Schwungbewegung werden aber dazu führen, dass Sie nach dem Treffen eine Grasnarbe herausschlagen (Divot). Vermeiden Sie trotz des Einsatzes der Handgelenke in der Ausholbewegung eine Schaufelbewegung im Durchschwung. Der Ball fliegt allein durch die Neigung der Schlagfläche hoch.

**75** Übung 1

## ÜBUNGEN

**Lernziel 1: Gefühl für das Anwinkeln der Handgelenke entwickeln**

Nehmen Sie die korrekte Haltung für einen Pitchschlag ein. Heben Sie das Sand Wedge ausschließlich aus den Handgelenken heraus bis zur Waagrechten nach oben, indem Sie die Daumen Richtung Unterarme bewegen (75, Seite 77).

Versuchen Sie, ein Gefühl für das korrekte Anwinkeln der Hände zu entwickeln.

**Lernziel 2: Gefühl für die Neun-Uhr-Position am Ende der Ausholbewegung entwickeln**

Legen Sie etwa 30 Zentimeter hinter den Ball einen Schläger auf die Verlängerung der Ball-

**76** Übung 2: Ausgangshaltung

**77** Neun-Uhr-Position

Ziel-Linie. Nehmen Sie Stand und Haltung wie oben beschrieben ein. Greifen Sie aber dieses Mal das Sand Wedge so am Schaft, dass das Griffende den Bauch leicht unterhalb des Nabels berührt. Der Schlägerkopf zeigt auf den Ball (76). Führen Sie aus dieser Position heraus den ersten Teil der Ausholbewegung durch. Ab jetzt lösen sich die Arme vom Körper. Die Handgelenke beginnen, sich stark anzuwinkeln. Dabei wird sich das Griffende vom Bauch lösen. Während sich die Schultern weiter nach rechts drehen, bewegen die Arme die Hände bis zur Neun-Uhr-Position. Halten Sie diese Position und kontrollieren Sie, ob Schlägerschaft und linker Unterarm einen rechten Winkel bilden und das Griffende zu der mit dem am Boden liegenden Schläger gekennzeichneten Verlängerung der Ball-Ziel-Linie zeigt (77).

**78** Übung 3: Variante

## Tipp

Um sich bei dieser Übung ausschließlich auf die Bewegung konzentrieren zu können, sollten Sie den Pitch auf der Driving Range üben. Auf dem Pitchinggrün würden Sie sich durch die vorgegebenen Ziele nur ablenken lassen.

### Variante

Legen Sie vom Ziel aus gesehen etwa 2 bis 3 Zentimeter vor den Ball ein Tee. Führen Sie die Pitch-Bewegung aus. Ziel ist es, neben dem Ball auch das Tee zu treffen. Legen Sie anschließend ein weiteres Tee vom Ziel aus gesehen etwa 10 bis 15 Zentimeter hinter den Ball. Ziel ist es, nur den Ball und das vordere Tee zu treffen (78).

Durch diese beiden Übungsvarianten wird deutlich, dass der Ball in einer leichten Abwärtsbewegung des Schlägers getroffen wird. Bei einer Schaufelbewegung würde das hintere Tee, nicht aber das vordere Tee getroffen werden, weil der Schläger im Treffmoment schon wieder nach oben schwingt.

## Lernziel 3: Die einzelnen Elemente der Pitch-Bewegung in eine flüssige Bewegung zusammenführen

Legen Sie einen Ball bereit. Treten Sie aber zunächst einen Schritt zurück, um einige Probeschwünge auszuführen. Nehmen Sie die korrekte Ausgangshaltung ein. Führen Sie die Ausholbewegung bis zur Neun-Uhr-Position und den Durchschwung bis zur Drei-Uhr-Position in einer harmonischen, rhythmischen und fließenden Bewegung durch. Halten Sie in der Endposition für einen Augenblick inne. Verlieren Sie dabei nicht das Gleichgewicht. Die Sohle des Schlägerkopfes sollte bei jedem Schwung den Boden berühren und nicht nur die Grasspitzen bürsten. Gehen Sie dann wieder einen Schritt nach vorn zum Ball und führen Sie nun die Pitch-Bewegung aus. Halten Sie so lange in der Endposition inne, bis der Ball landet. Korrigieren Sie gegebenenfalls die Haltung in der Endposition.

## Längenkontrolle

Die Größe der Schwungbewegung muss der jeweiligen Strecke, die der Ball fliegend zurücklegen soll, angepasst werden. Am Anfang sollten Sie sich mit drei unterschiedlich großen Schwungbewegungen vertraut machen. Die oben beschriebene Pitch-Bewegung von der

79 Übung

Neun-Uhr-Position bis zur Drei-Uhr-Position entspricht einer mittleren Schwunggröße. Bei der kleineren Schwungbewegung zeigen die Hände am Ende der Ausholbewegung in etwa auf acht Uhr. Dabei werden die Handgelenke nicht ganz so stark angewinkelt. Auch die Schulterdrehung ist weniger stark ausgeprägt. In der Endposition zeigen die Hände in etwa auf vier Uhr. Im Vergleich zur Drei-Uhr-Position ist der Körper etwas weniger zum Ziel gedreht. Bei der größeren Pitch-Bewegung schwingen die Arme in etwa von der Halb-Elf-Uhr- bis zur Halb-Zwei-Uhr-Position.

Bei gleich bleibendem Schwungrhythmus erreichen Sie mit diesen drei Bewegungen drei unterschiedliche Schlagweiten, die Sie je nach Bedarf einsetzen können. Durch konsequentes Üben und die wachsende Erfahrung werden Sie nach und nach lernen, die Schwunggröße den jeweiligen Anforderungen anzupassen.

Wenn Sie sich auf der Driving Range mit den drei Schwunggrößen vertraut gemacht haben, sollten Sie sich auf das Pitchinggrün begeben. Dort sind verschiedene Ziele vorgegeben.

## ÜBUNG

**Lernziel: Gefühl für die unterschiedlichen Entfernungen und Schwunggrößen entwickeln**

Legen Sie in einem Abstand von etwa 20, 30, 40 und 50 Meter vom Grünrand entfernt jeweils circa 15 Bälle bereit. Gehen Sie zu der dem Grün am nächsten liegenden Station. Versuchen Sie zunächst eine Vorstellung für die passende Schwunggröße zu bekommen. Machen Sie anschließend ein paar Probeschwünge mit dem Sand Wedge. Spielen Sie dann drei Bälle möglichst nah an das

gewählte Ziel. Gehen Sie anschließend zur nächsten Station und wiederholen Sie den Übungsablauf (79).

Wechseln Sie jeweils nach drei Bällen, um die Umstellung zu trainieren, mit der Sie auf dem Platz ständig konfrontiert werden. Wenn Sie bei der letzten Station angekommen sind, gehen Sie wieder schrittweise nach vorn. Wechseln Sie anschließend beliebig die Stationen. Wenn die gut getroffenen Bälle der letzten Station trotz der großen Schwungbewegung zu kurz geraten, sollten Sie dafür statt des Sand Wedges das Pitching Wedge verwenden. Variieren Sie das angespielte Ziel und wählen Sie unter anderem einen Standpunkt hinter einem Hindernis (zum Beispiel einen Bunker), das der Ball fliegend überwinden soll.

## C h e c k b o x

**1** Der Pitch wird zur Annäherung aus Entfernungen von 10 bis 80 Meter um das Grün herum angewendet. Für hohe Pitch-Schläge ist das Sand Wedge am besten geeignet.

**2** Die Fersen sind etwa hüftbreit auseinander. Der linke Fuß ist etwas zurückgesetzt (offener Stand). Das Körpergewicht lastet in der Ausgangsposition zu etwa 60 Prozent auf dem linken Fuß. Der Ball liegt in der Mitte des Stands.

**3** Beim Pitchen ist besonders darauf zu achten, dass die Handgelenke in der Ausholbewegung gut anwinkeln. Der Ball wird in einer Abwärtsbewegung getroffen. Der Durchschwung ist genauso groß wie die Ausholbewegung. Der Körper hat sich so weit mitgedreht, dass der Bauchnabel in der Endposition in etwa zum Ziel zeigt. Das Gewicht hat sich auf den linken Fuß verlagert.

**4** Der Schwung muss umso größer ausfallen, je weiter der Ball fliegen soll.

Lektion 6

# Voller Schwung

Beim vollen Schwung handelt es sich im Wesentlichen um eine einzige Bewegung, die für alle Schläge aus größeren Entfernungen eingesetzt wird. Unterschiedliche Weiten erreichen Sie durch den Einsatz verschiedener Schläger.

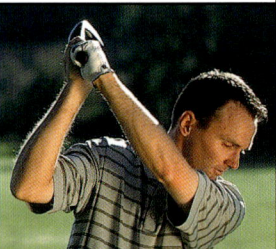

In den vorangegangenen Kapiteln haben Sie schon wichtige Elemente des vollen Schwungs kennen gelernt. Je besser Sie die kleinen Schwungbewegungen beherrschen, desto leichter wird Ihnen die folgende Lektion fallen.

Im Vergleich zu den bisher behandelten Schlägen ist der Bewegungsaufwand beim vollen Schwung erheblich größer. Es ist deshalb von unschätzbarem Vorteil, wenn Sie beim Erlernen dieser komplexen Bewegungsabläufe auf Bekanntes zurückgreifen können und sich jeweils nur auf die neu hinzukommenden Elemente konzentrieren müssen.

Im Folgenden werden zunächst die verschiedenen Phasen des vollen Schwungs ausführlich erläutert. Wenn Sie die Bausteine schließlich zu einer rhythmischen, fließenden Bewegung verbinden, wird es Ihnen nicht mehr möglich sein, sich jedes einzelne Schwungelement bewusst zu machen. Dennoch sollten Sie die verschiedenen Stufen nicht aus den Augen verlieren. Sie dienen der Eigenkontrolle und können bei Bedarf mit geeigneten Übungen isoliert trainiert werden. Auf diese Weise werden Sie Ihren Schwung nach und nach verfeinern und stabilisieren können.

## Einführung in die Technik

Wir wollen den vollen Schwung zunächst mit dem Eisen 7 ausführen; Sie kennen es bereits von Ihren Übungen zum Standard-Chip. Auf jeder Golfanlage befindet sich eine Driving Range, auf der Sie den vollen Schwung trainieren können. Übungen ohne Ball lassen sich hingegen an jedem beliebigen Ort ausführen.

### Der Griff

Der volle Schwung wird mit demselben Griff ausgeführt, den Sie schon vom halben Schwung und vom Pitchen her kennen.

### Stand und Ballposition

Richten Sie sich wie beim halben Schwung parallel zur Ziellinie aus. Denken Sie an die Eisenbahnschienen (siehe Seite 32)! Wie schon erwähnt, sind Standbreite und Ballposition abhängig von der Schlägerwahl. Stellen Sie die Füße bei Verwendung des Eisens 7 etwa schulterbreit auseinander auf. Der Ball liegt etwas links von der Mitte des Standes. Zum Üben können die Bälle anfangs von einem Tee gespielt werden.

**80** Ausgangshaltung

### Die Haltung

Die Haltung entspricht derjenigen beim halben Schwung (80). Lesen Sie zur Wiederholung die Erläuterungen auf Seite 66.

Kontrollieren Sie regelmäßig Ihren Griff, Ihren Stand und Ihre Haltung in einem Spiegel oder über eine Videoaufnahme.

### Ausführung des vollen Schwungs

In den komplexen Bewegungsablauf des vollen Schwungs können sich viele Fehler einschleichen. Wir wollen uns deshalb zunächst die einzelnen Elemente des Schwungs bewusst machen und Schritt für Schritt üben. In den nachfolgenden Erläuterungen sind neun Kontrollpunkte aufgezeigt und zwar jeweils von vorn und von der Seite betrachtet. Sie sollen Ihnen helfen, Ungenauigkeiten von Anfang an zu vermeiden. Die Kontrollpunkte werden Ihnen aber auch im fortgeschrittenen Training immer wieder begegnen. Sie helfen beim Aufdecken von Schwungfehlern und sollten regelmäßig über eine Videoanalyse kontrolliert werden.

**81** Kontrollpunkt 1: Die Hände sind gegenüber dem rechten Oberschenkel

**Ausholbewegung**

**1** Den ersten Teil der Bewegung kennen wir schon vom halben Schwung: Bewegen Sie Schultern, Arme, Hände, Hüften und Schläger in einer Einheit nach rechts, bis sich die Hände gegenüber des rechten Oberschenkels befinden. Das Gewicht verlagert sich dabei leicht auf die Innenseite des rechten Fußes. Der Oberkörper hat damit begonnen, sich leicht um die Wirbelsäule nach rechts zu drehen. Die Neigung der Wirbelsäule bleibt konstant (81).

**2** Phase zwei entspricht dem zweiten Teil der Ausholbewegung beim halben Schwung. Drehen Sie also die Schultern weiter nach rechts und bewegen Sie die Arme mit. Durch die leichte Drehung der Unterarme und das leichte Anwinkeln der Handgelenke wird der Schläger bis zur Waagrechten nach oben bewegt. Der größte Teil des Gewichts lastet jetzt auf dem rechten Fuß. Achten Sie aber darauf, dass das rechte Knie gebeugt bleibt (82).

**3** Aus der zweiten Kontrollposition heraus drehen sich die Schultern weiter nach rechts. Hände und Schläger bewegen sich jetzt nach oben. Deshalb müssen sich die Arme leicht vom Körper lösen. Der rechte Ellbogen gibt etwas nach. Der linke Arm bleibt wie in der Anfangshaltung gestreckt. Achten Sie aber darauf, dass er nicht versteift. Die Handgelenke beginnen verstärkt anzuwinkeln, indem sich die beiden Daumen in Richtung der Unterarme bewegen. Gleichzeitig drehen sich die Hüften und das linke Knie leicht nach rechts. Das rechte Bein bleibt stabil. Das rechte Knie weicht nicht nach rechts aus und streckt sich nicht. Der rechte Fuß bleibt mit seiner ganzen Sohle auf dem Boden. Das Gewicht lastet auf der Innenseite des rechten Fußes. Die Neigung der Wirbelsäule bleibt weiter konstant.

**82** Kontrollpunkt 2: Der Schläger ist in der Waagrechten und parallel zur Ziellinie

Der dritte Kontrollpunkt ist erreicht, wenn sich der linke Unterarm in etwa waagrecht zum Boden befindet. Sie kennen diese Position schon vom Pitchen (Neun-Uhr-Position). Der Unterschied besteht allerdings darin, dass beim vollen Schwung mehr Gewicht auf dem rechten Fuß lastet (83).

**4** Wenn Sie den dritten Kontrollpunkt passiert haben, befinden sich die Arme schon auf dem richtigen Weg nach oben. Das weitere Ausholen wird durch die maximale Drehung der Schultern vervollständigt. Arme und Hände bewegen sich nahezu passiv mit. Der Kopf folgt ein wenig der Drehung des Oberkörpers, der Blick ist aber weiterhin auf den Ball gerichtet. Das rechte Bein bleibt stabil, es stützt den Körper. Das Gewicht lastet unverändert auf der Innenseite des rechten Fußes, wegen der Drehung des Körpers aber

eher auf der Ferse. Ebenso bleibt das rechte Knie gebeugt. Deshalb ist die Hüftdrehung auch nur etwa halb so groß ausgefallen wie die Schulterdrehung. Durch eben diese Verwringung des Oberkörpers gegen einen stabilen Unterkörper erreichen Sie die für einen dynamischen Abschwung erforderliche Körperspannung.

Die vierte Kontrollposition ist im höchsten Punkt der Ausholbewegung erreicht. Die Ausholbewegung fällt umso größer aus, je länger der verwendete Schläger ist. Bei einer maximalen Ausholbewegung mit einem der Hölzer verläuft der Schläger im höchsten Punkt waagrecht zum Boden und parallel zur Ziellinie (84). Bei Verwendung kürzerer Schläger sollten Sie entsprechend früher zum Abschwung übergehen. Der Schläger wird dann im höchsten Punkt der Ausholbewegung schräg nach hinten-oben zeigen.

**83** Kontrollpunkt 3: Neun-Uhr-Position

84 Maximale Ausholbewegung mit einem Holz

# Tipp

Versuchen Sie nicht, den Rückschwung zu vergrößern, indem Sie die Arme noch weiter vom Körper lösen. Dadurch würden Sie die notwendige Verbindung von Armen und Körper aufheben, die Sie durch fehleranfällige Korrekturen im Abschwung wieder herstellen müssten. Versuchen Sie sich folgendes Prinzip einzuprägen: Wenn die Schultern aufhören zu drehen, hören die Arme auf zu schwingen.

Er verläuft in diesem Fall nicht parallel zur Ziellinie, sondern zeigt leicht links am Ziel vorbei. Im höchsten Punkt der Ausholbewegung haben sich die Schultern um etwa 90° gedreht und die Hüfte um circa 45°.

Der Rücken zeigt nun zum Ziel. Der Oberkörper befindet sich vom Spieler aus gesehen rechts vom Ball. Der linke Arm bleibt weitgehend gerade; er ist aber nicht steif (85).

85 Kontrollpunkt 4: Höchster Punkt der Ausholbewegung

A

B

### Abschwung

**5** Der Abschwung schließt sich fließend an die Ausholbewegung an. Er wird eingeleitet durch eine leicht seitliche Bewegung der Hüften nach links, die unmittelbar in eine Linksdrehung übergeht. Auch die Beine geben einen Impuls nach links. Das linke Knie bewegt sich dabei in seine Ausgangsstellung zurück. Während dieser Bewegung fallen die Arme nach unten. Sie nähern sich wieder dem Körper an.

Den fünften Kontrollpunkt haben Sie erreicht, wenn die Hände sich wieder auf der Neun-Uhr-Position befinden. Der rechte Ellbogen befindet sich nah am Körper. Die Hüften haben sich in ihre Ausgangsposition zurückbewegt und sind nun wieder parallel zur Ziellinie ausgerichtet. Das Gewicht ist auf beiden Füßen gleich verteilt. Die Hüften sind den Schultern voraus, deshalb haben die Schultern ihre Ausgangsposition noch nicht wieder erreicht. Besonders wichtig ist die korrekte Stellung des Schlägers im fünften Kontrollpunkt. Von der Seite gesehen muss sich der Schläger in einer Schräge befinden, die den Schlägergriff auf den Ball zeigen lässt. Nur so befindet er sich auf dem richtigen Weg zum Ball (86).

**6** Die Drehung der Hüften setzt sich fort. Die Schultern folgen dieser Drehung und sind jetzt fast wieder parallel zur Ziellinie ausgerichtet. Die Arme schwingen weiter nach unten. Sie werden dabei erneut die Stelle passieren, in der der Schläger waagrecht zum Boden steht. Diese Position eignet sich als weiterer Kontrollpunkt: Ebenso wie im zweiten Kontrollpunkt muss auch hier der Schläger parallel zur Ziellinie sein. Der rechte Ellbogen befindet sich nah am Körper. Die Handgelenke haben sich noch nicht entwinkelt. Das Gewicht hat sich nach links

**86** Kontrollpunkt 5: Die Hände zeigen wieder auf neun Uhr

verlagert, der rechte Absatz hat sich leicht vom Boden gelöst. Das rechte Knie zeigt auf den Ball (87).

**7** In der Phase bis zum Treffmoment setzt sich die Drehung von Hüften und Schultern fort. Die Handgelenke entwinkeln und die Unterarme drehen nach links, um den Schläger »freizugeben« (release). Nach dem Entwinkeln bleiben die Handgelenke stabil. Der linke Handrücken klappt nicht in Richtung des linken Unterarms, denn das würde eine unerwünschte Schaufelbewegung bewirken (siehe Seite 57).

Bei korrekter Ausführung steht die Schlagfläche im Treffmoment (siebter Kontrollpunkt) wieder im rechten Winkel zur Ziellinie. Die Hüften haben sich deutlich zum Ziel hin gedreht, die Schultern sind jedoch noch nicht so weit. Die Verbindungslinie beider Schultern zeigt nur leicht links am

Ziel vorbei. Der Kopf ist in seine Ausgangsposition zurückgekehrt. Der linke Arm ist gestreckt, er und der Schlägerschaft bilden eine Linie. Der rechte Arm ist noch nicht ganz gestreckt. Der rechte Ellbogen befindet sich nah am Körper vor der rechten Hüfte. Die Hände sind leicht vor dem Ball. Das Gewicht lastet hauptsächlich auf dem linken Bein. Das linke Knie ist etwas gebeugt. Achten Sie aber auf Stabilität im linken Bein. Die Neigung der Wirbelsäule bleibt weiter konstant (88, Seite 90).

### Durchschwung

Der jetzt folgende Durchschwung ist keine bewusst gesteuerte Bewegung, sondern das Resultat aus dem vorangegangenen Abschwung. Dennoch sollen wiederum zwei Kontrollpositionen hervorgehoben werden, anhand derer Sie Ihren Schwung überprüfen können:

**87** Kontrollpunkt 6: Der Schläger ist in der Waagrechten und parallel zur Ziellinie

**88** Kontrollpunkt 7: Treffmoment

**8** Den ersten Kontrollpunkt des Durchschwungs haben Sie erreicht, wenn sich die Hände auf der Drei-Uhr-Position befinden. Die Schulterdrehung hat in dieser Position die Hüftdrehung eingeholt. Ober- und Unterkörper haben sich so weit gedreht, dass der Bauchnabel und die Brust nun leicht rechts am Ziel vorbei zeigen. Der Kopf hat sich mit dem Oberkörper nach links gedreht. Die Augen folgen dem Ball. Der rechte Arm ist gerade; der linke Arm beginnt, leicht anzuwinkeln. Der linke Ellbogen befindet sich aber vor dem Körper und zeigt nach unten. Ein wichtiger Unterschied zur Ausholbewegung liegt in der Streckung der Handgelenke. Während sie beim Ausholen (Neun-Uhr-Position) stark anwinkeln, bringen die Zentrifugalkraft und das Gewicht des Schlägerkopfes die Hände beim Durchschwung in die Streckung. Der Schläger zeigt deshalb

auch nur leicht nach oben. Fast das gesamte Gewicht lastet jetzt auf dem linken Fuß. Der rechte Absatz hat sich vom Boden gelöst. Die Neigung der Wirbelsäule ist weiterhin unverändert (89).

**9** Der zweite Kontrollpunkt des Durchschwungs ist gleichzeitig die Endposition. Auch diese Position ist die bloße Folge vorausgegangener Bewegungen (90). Der Körper hat sich jetzt so weit gedreht, dass der Bauchnabel links am Ziel vorbei zeigt. Die rechte Schulter ist näher am Ziel als die linke. Der Oberkörper hat sich etwas aufgerichtet, bleibt aber leicht nach rechts geneigt. Die Hände befinden sich in etwa auf Kopfhöhe und links vom Kopf. Der linke Ellbogen hat sich weiter abgewinkelt und dadurch ein freies Durchschwingen der Arme ermöglicht. Der Schläger verläuft quer hinter dem

**89** Kontrollpunkt 8: Drei-Uhr-Position

**90** Kontrollpunkt 9: Endposition

Kopf und zeigt leicht nach unten. Das linke Bein hat sich aufgrund der Körperdrehung gestreckt. Das rechte Knie befindet sich in etwa auf gleicher Höhe mit dem linken Knie. Das gesamte Gewicht lastet auf der Ferse und der Außenkante des linken Fußes. Der rechte Fuß hat sich mitgedreht und steht nur noch auf der Spitze.

Aus der Endposition lässt sich ein Rückschluss auf die Qualität des gesamten Schwungs ziehen. Eine stabile Endposition ohne Gleichgewichtsschwierigkeiten ist das Markenzeichen eines guten Schwungs. Sie werden sie nur erreichen, wenn Sie die vorangegangene Bewegung technisch korrekt und rhythmisch ausgeführt haben.

## Tipp

Prägen Sie sich die einzelnen Bewegungselemente ein, indem Sie die Schwünge immer wieder in Zeitlupe ausführen. Dabei sollten Sie die Kontrollpunkte bewusst durchlaufen. Wenn Sie anschließend das Schwungtempo steigern, sollten Sie Ihr Bewusstsein nicht mehr auf die Einzelheiten lenken. Das würde einen freien Schwung behindern. Ein rhythmischer, fließender Golfschwung ist keine Aneinanderreihung von Einzelelementen, sondern muss als eine Ganzheit betrachtet werden.

**91** Übung 1: Ausgangshaltung

**92** Ende der Ausholbewegung

## ÜBUNGEN

**Lernziel 1: Gefühl für die Körperdrehung und die Gewichtsverlagerung entwickeln**

Nehmen Sie den korrekten Stand ein. Legen Sie einen Schläger so zwischen Ihre Füße auf den Boden, dass der Schlägergriff zum Ball zeigt und der Schlägerschaft im rechten Winkel zur Zielline steht. Nehmen Sie nun auch die korrekte Haltung ein. Die Arme hängen zunächst noch locker nach unten. Verschränken Sie jetzt die Unterarme vor der Brust (91).

Führen Sie anschließend eine korrekte Schulterdrehung nach rechts aus, bis die linke Schulter vom Ziel aus gesehen hinter den am Boden liegenden Schlägerschaft zeigt. Die Knie bleiben gebeugt. Achten Sie auf Stabilität im rechten Bein und spüren Sie die am Ende der Ausholbewegung (Kontrollpunkt 4) erreichte Körperspannung (92). Bewegen Sie sich dann langsam wieder nach links bis zu der Position, in der Sie den Ball treffen würden (Kontrollpunkt 7). Halten Sie diese Position für einen Moment. Der Kopf ist nun wieder in der gleichen Haltung wie in der Ausgangsposition. Die gedachte Verbindungslinie beider Schultern zeigt in etwa zum Ziel. Die Hüfte hat sich schon Richtung Ziel geöffnet und die rechte Ferse vom Boden gelöst (93).

Drehen Sie aus dieser Position weiter nach links bis zum Ende des Golfschwungs (Kontrollpunkt 9). Die rechte Schulter ist jetzt näher am Ziel als die linke. Der Bauchnabel zeigt zum Ziel oder sogar etwas links am Ziel vorbei. Der rechte Fuß steht auf der Spitze und ist der einzige Körperteil, der

**93** Treffmoment

**94** Endposition

**95** Übung 2: Ausgangshaltung

**96** Ende der Ausholbewegung

sich jetzt noch vom Ziel aus gesehen hinter dem am Boden liegenden Schlägerschaft befindet (94, Seite 93).

Führen Sie die Übung mehrmals hintereinander aus, indem Sie an den beschriebenen Kontrollpunkten kurz innehalten. Achten Sie darauf, dass die Neigung der Wirbelsäule bis kurz vor der Endposition konstant bleibt. Verbinden Sie anschließend alle Elemente zu einer rhythmischen und fließenden Bewegung. Halten Sie den Blick bis kurz nach dem Treffmoment auf den Ball gerichtet.

**Lernziel 2: Einbindung des Armschwungs in die Bewegung**

Die Übungsanordnung entspricht derjenigen aus der Übung 1. Die Arme sind jetzt nicht vor der Brust verschränkt, sondern hängen locker nach unten. Die Handflächen sind

etwa 10 Zentimeter voneinander entfernt und zeigen zueinander. Führen Sie nun die korrekte Schwungbewegung aus, indem Sie zunächst wieder jeweils für einen kurzen Moment am Ende der Ausholbewegung, im Treffmoment und in der Endposition innehalten. Achten Sie während der gesamten Bewegung darauf, dass die Arme vor der Körpermitte bleiben. Die Hände sollten sich nicht zu weit voneinander entfernen. Verbinden Sie anschließend die einzelnen Elemente zu einer rhythmischen und fließenden Bewegung. Lassen Sie dabei die Arme im Abschwung frei schwingen und im Durchschwung »fliegen« (95–98).

**Lernziel 3: Erreichen der korrekten Position am Ende der Ausholbewegung**

Nehmen Sie mit dem Eisen 7 in der Hand

**97** Treffmoment

**98** Endposition

**99** Übung 3

A        B        C

**100** Übung 4

die korrekte Haltung ein. Winkeln Sie zunächst die Handgelenke an, so dass sich der Schlägerkopf nach oben bewegt (99 A, Seite 95). Bewegen Sie dann die Arme nach oben (99 B), bis sich die Hände vor dem Gesicht befinden. Die Neigung des Oberkörpers bleibt konstant. Führen Sie jetzt eine volle Schulterdrehung nach rechts aus, ohne die Stellung der Arme und des Schlägers zu verändern (99 C). Prägen Sie sich diese Haltung gut ein. Sie entspricht der korrekten Position am Ende der Ausholbewegung.
Wiederholen Sie die Übung mehrere Male, bevor Sie aus der so eingenommenen Position in den Ab- und Durchschwung übergehen. Nach einigen Trockenübungen können Sie einen Ball dazunehmen: Legen Sie ihn auf ein Tee und nehmen Sie wie oben beschrie-

ben die korrekte Position am Ende der Ausholbewegung ein. Versuchen Sie, den Ball zu treffen, wenn Sie die eingenommene Position mit Ab- und Durchschwung verbinden.

**Lernziel 4: Gefühl für das Zusammenspiel von Körperbewegung und Armschwung sowie das Freigeben des Schlägers im Durchschwung entwickeln**
Nehmen Sie die korrekte Haltung ein. Halten Sie den Schläger nur mit der rechten Hand in der Mitte des Griffs. Setzen Sie jetzt den linken Fuß näher zum rechten Fuß und machen Sie mit dem rechten Arm eine Ausholbewegung (100 A). Stoppen Sie die Bewegung, wenn die rechte Hand in etwa die

Zehn-Uhr-Position erreicht hat, und halten Sie einen kurzen Augenblick inne. Während der linke Fuß dann den Schritt zurück in seine Ausgangsposition macht, schwingt der rechte Arm nach unten (100 B). Stellen Sie sich vor, Sie würden den Schläger nach vorn Richtung Ziel werfen (100 C). Wenn Sie eine Gefährdung anderer ausschließen können, können Sie den Schläger tatsächlich loslassen. Sie können ihn aber auch in der Hand festhalten und den Schwung weiter laufen lassen bis zur Endposition eines vollen Schwungs.

**Variante**
Legen Sie einen Ball auf ein Tee. Nehmen Sie dann die korrekte Griff- und Körperhal-

tung ein. Setzen Sie wiederum den linken Fuß näher zum rechten Fuß und machen Sie eine Ausholbewegung. Stoppen Sie die Bewegung, wenn die Hände in etwa die Zehn-Uhr-Position erreicht haben, und halten Sie die Position einen kurzen Moment. Während jetzt der linke Fuß den Schritt zurück in seine Ausgangsposition macht, beginnen die Arme mit dem Abschwung.

**Lernziel 5: Schulung eines freien Armschwungs, der konstanten Neigung des Oberkörpers, einer rhythmischen Bewegung und des Gleichgewichts**
Nehmen Sie das Eisen 7 und legen Sie einen Ball auf ein Tee. Der Stand ist ausnahmsweise so eng, dass sich die Füße fast berühren.

**101** Übung 5

Führen Sie nun eine volle Schwungbewegung aus (101, Seite 96). Der enge Stand zwingt Sie, Ihr Gleichgewicht zu schulen. Sie sollen den Ball bei dieser Übung nicht sehr weit schlagen. Ziel ist es vielmehr, den Ball sauber zu treffen.

Wiederholen Sie die Übung mehrmals, bevor Sie den Ball vom Boden schlagen.

## Die Ausrichtung des Körpers

**102** Die Übungsstation macht das Training effektiv

Spielen Sie beim Üben des vollen Schwungs verschiedene Ziele auf der Driving Range an. Legen Sie dabei großen Wert auf eine gute Ausrichtung des Körpers. Beim Anspielen eines Ziels besteht nämlich die Gefahr, dass Fehler in der Ausrichtung des Körpers durch Veränderungen im Schwung ausgeglichen werden. Um eine gute Ausrichtung sicherzustellen, sollten Sie bei Ihren Übungen wie folgt vorgehen:

➤ Legen Sie zwei Schläger in einem Abstand von circa 60 Zentimeter parallel zueinander auf den Boden. Der Korridor zeigt genau in Richtung Ziel. Der Ball liegt zwischen den beiden am Boden liegenden Schlägern. Der weiter von Ihnen entfernt liegende Schläger hilft bei der Ausrichtung der Schlagfläche. Sie soll im rechten Winkel zu dem am Boden liegenden Schaft stehen. Der näher bei Ihnen liegende Schläger zeigt Ihnen die korrekte Ausrichtung des Körpers an. Sollten die Bälle trotzdem nicht in Richtung Ziel fliegen, kann das nur an einem fehlerhaften Griff und/oder Schwung liegen (102).

➤ Um die korrekte Position des Balls zu kontrollieren, können Sie noch einen dritten Schläger dazunehmen. Legen Sie diesen zwischen Ihre Beine im rechten Winkel zu den beiden bereits am Boden liegenden Schlägern. Der Griff zeigt auf den Ball.

Beim Üben ohne diese Station sollten Sie folgendermaßen vorgehen:

➤ Stellen Sie sich hinter dem Ball in Verlängerung der Ziellinie auf. Nehmen Sie schon jetzt die korrekte Griffhaltung ein und visualisieren Sie das Ziel und wie der Ball dort hinfliegt. Suchen Sie sich in einem Abstand von etwa einem Meter vor dem Ball ein auf dieser Linie gelegenes Zwischenziel. Dabei kann es sich zum Beispiel um eine dunkle oder helle Stelle im Rasen, um ein altes Divot oder um Laub handeln.

➤ Gehen Sie mit dieser Vorstellung zum Ball und richten Sie die Schlagfläche zu diesem Zwischenziel aus. Sie steht nun im rechten Winkel zur Ziellinie. Richten Sie dann den Körper parallel zur Ziellinie beziehungsweise im rechten Winkel zur Schlagfläche aus. Vor dem Schlag sollten Sie Ihren Blick nochmals auf das tatsächliche Ziel richten.

Lassen Sie die dargestellte Vorgehensweise zur Routine werden. Sie wird Ihnen auch später beim Spiel auf dem Platz helfen, den Körper korrekt auszurichten.

## Schlägerwahl und Ballposition

Im Gegensatz zum kurzen Spiel bleibt die Bewegung beim vollen Schwung im Wesentlichen unverändert. Unterschiedliche Schlagweiten und Flugbahnen können durch die Wahl verschiedener Schläger erreicht werden. Standbreite und Ballposition müssen der Schlägerwahl angepasst werden:

➤ Stehen Sie bei den mittleren Eisen (8, 7, 6 und 5) etwa schulterbreit.

➤ Bei den kürzeren Schlägern (Sand Wedge, Pitching Wedge, Eisen 9) ist der Stand etwas enger.

➤ Bei den längeren Schlägern (Eisen 4, 3 und Hölzer) ist er etwas breiter.

Ein zu enger Stand führt zu Gleichgewichtsschwierigkeiten. Ist der Stand dagegen zu breit, sind die Beweglichkeit und die Körperdrehung eingeschränkt.

Die jeweilige Ballposition können Sie der Übersicht auf Seite 100 entnehmen. Diese Übersicht wie auch die beiden Abbildungen (103 + 104) zeigen, dass der Ball mit zunehmender Schlägerlänge von der Mitte des Stands bis zur Stelle gegenüber der Innenkante der linken Ferse wandert.

## Tipp

Achten Sie bei Ihren Übungen auf die Qualität der Schläge, nicht auf die Quantität.
Lassen Sie sich Zeit und machen Sie zwischendurch Probeschwünge. Legen Sie kleine Pausen ein. Wenn Ihre Konzentration merklich nachlässt, sollten Sie das Training gegebenenfalls abbrechen.

Mit zunehmender Schlägerlänge wird der Abstand zwischen Spieler und Ball größer. Der größere Abstand macht es schwerer, den Ball sauber zu treffen. Bei Ihren Übungen sollten Sie den vollen Schwung deshalb zunächst mit den kurzen und mittellangen Eisen versuchen. Der im Vergleich zu den langen Eisen größere Loft dieser Schläger lässt den Ball auch leichter steigen. Wechseln Sie erst dann zu den längeren Schlägern, wenn Sie eine gewisse Treffsicherheit erreicht haben. Wegen des geringen Lofts dieser Schläger sollten Sie zur Erleichterung die Bälle anfangs von einem Tee spielen.

**103** Im Vergleich: Standbreite und Ballposition beim Eisen 7 ...

**104** ... und beim Driver

Die entsprechende Ballposition zu den verschiedenen Schlägern

| Schläger | Kurze Eisen: SW, PW, 9 | Mittlere Eisen: 8, 7, 6, 5 | Lange Eisen und Fairwayhölzer | Driver vom Tee |
|---|---|---|---|---|
| Ballposition | in der Mitte des Stands | etwa eine Ballbreite links von der Mitte des Stands | etwas rechts von der Innenkante der linken Ferse | gegenüber der Innenkante der linken Ferse |

# C h e c k b o x

**1**     Standbreite und Ballposition sind je nach verwendetem Schläger verschieden.

**2**     Wichtig ist eine gute Ausrichtung. Die Schlagfläche steht senkrecht zur Ziellinie. Der Körper ist parallel dazu ausgerichtet (Eisenbahnschiene!).

**3**     In der Ausholbewegung verlagert sich das Gewicht auf den rechten Fuß. Das rechte Bein bleibt stabil. Die Schultern drehen sich in etwa doppelt so weit wie die Hüften (Schultern circa 90°, Hüften circa 45°). Am Ende der Ausholbewegung zeigt der Rücken zum Ziel. Die Arme haben sich leicht vom Körper gelöst. Der linke Arm bleibt weitgehend gerade, ist aber nicht steif.

**4**     Der Abschwung wird durch eine Bewegung der Hüften eingeleitet. Die Arme fallen nach unten. Sie nähern sich wieder dem Körper. Die Schultern folgen der Drehung der Hüften.

**5**     Im Durchschwung setzt sich die Drehung von Hüften und Schultern fort. Die Arme schwingen den Schläger durch den Ball fließend weiter bis zur Endposition. Der Körper hat sich jetzt so weit gedreht, dass der Bauchnabel links am Ziel vorbei zeigt. Die rechte Schulter ist näher am Ziel als die linke. Das gesamte Gewicht lastet auf der Ferse und der Außenkante des linken Fußes.

# Theorie

Mit den vorangegangenen Lektionen haben wir die Basis für einen guten Schwung gelegt. Es ist nun an der Zeit, sich ein wenig mit der Theorie zu beschäftigen. Diese Lektion soll Ihnen die grundlegenden Zusammenhänge zwischen Schwung und Flugverhalten des Balls verständlich machen.

## Die Treffmoment-Faktoren

Jeder Golfspieler sollte die grundlegenden Zusammenhänge zwischen seinem Schwung und dem Flugverhalten des Balls kennen. Dieses Verständnis erleichtert Ihnen den Weg zu einem erfolgreichen, beständigen Spiel.

Das Flugverhalten des Balls wird durch folgende fünf Faktoren beeinflusst:

- Stellung der Schlagfläche im Treffmoment.
- Richtung, in die der Schlägerkopf schwingt.
- Winkel, in dem der Schlägerkopf auf den Ball auftrifft.
- Treffpunkt auf der Schlagfläche.
- Geschwindigkeit des Schlägerkopfes.

Der schnelle Bewegungsablauf macht es unmöglich, Einzelheiten des eigenen Schwungs zu erkennen. Sie werden also selbst nicht sehen oder spüren können, was genau im Treffmoment passiert. Aus dem Flugverhalten des Balls lassen sich aber wichtige Rückschlüsse auf die Vorgänge im Treffmoment ziehen.

Im Folgenden werden die oben angeführten Treffmoment-Faktoren und ihre Auswirkungen auf das Flugverhalten des Balls erläutert. Um die Darstellung möglichst einfach zu halten, werden die einzelnen Faktoren zunächst isoliert betrachtet.

Die Stellung der Schlagfläche im Treffmoment beeinflusst die Flugrichtung des Balls

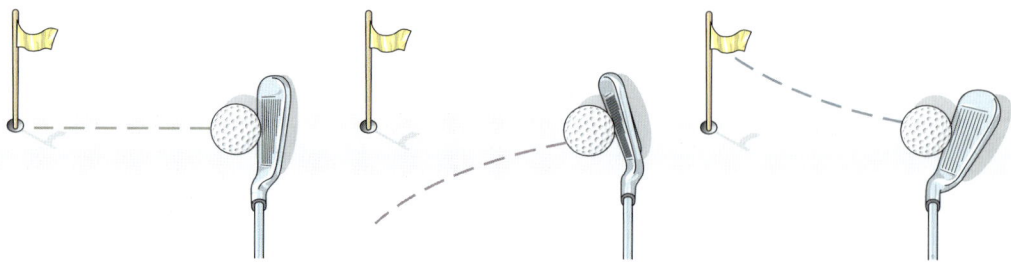

In der Praxis spielen immer mehrere Faktoren zusammen. Daraus erklärt sich die Vielzahl an unterschiedlichen Flugkurven.

### Stellung der Schlagfläche

Von allen oben genannten Faktoren hat die Stellung der Schlagfläche im Treffmoment den größten Einfluss auf die Richtung, die der Ball einschlagen wird. Steht die Schlagfläche im Treffmoment nicht senkrecht zur Ziellinie, wird der Ball nach rechts oder links starten. Zusätzlich erhält er einen seitlichen Drall. Das führt dazu, dass der Ball im Flug noch weiter nach rechts oder links abdrehen wird.

### Schwungrichtung des Schlägers

Bei korrekter Ausführung schwingt der Schläger auf einer Kreisbahn um den Körper. Er bewegt sich von innen in Richtung Ball und schwingt nach dem Treffen nach innen durch (rot). Wenn Schwungrichtung und Ziellinie im Treffmoment übereinstimmen und die Schlagfläche richtig ausgerichtet ist, wird der Ball in Zielrichtung starten und in gerader Linie zum Ziel fliegen. Kreuzt der Schlägerkopf die Ziellinie dagegen im Treffmoment von außen nach innen (Schwungrichtung nach links), wird der Ball nach links starten (beige). Kreuzt er die Ziellinie im Treffmoment von innen nach außen (Schwungrichtung nach rechts), wird der Ball nach rechts starten (blau). Ob und wie der Ball im Flug abdrehen wird, hängt zusätzlich von der Stellung der Schlagfläche im Treffmoment ab.

### Eintreffwinkel

Bei den kurzen und mittleren Eisen wird der Ball leicht von oben nach unten getroffen. Die langen Eisen und die Fairwayhölzer treffen den Ball dagegen am tiefsten Punkt des Schwungbogens. Bei Abschlägen mit einem Driver vom Tee kann der Ball aufgrund seiner erhöhten Lage sogar von unten nach oben getroffen werden. Neben dem Loft des Schlägers hat der Eintreffwinkel Einfluss auf die Flughöhe und den Rückwärtsdrall des Balls. Ein zu steiler Eintreffwinkel lässt den Ball flacher starten, verleiht ihm aber auch mehr Rückwärtsdrall. Ein

Die verschiedenen Schwungrichtungen

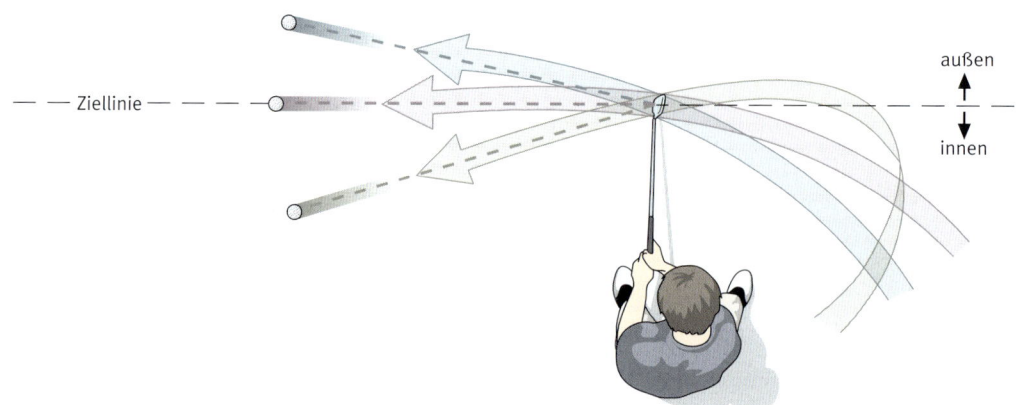

Ziellinie

außen

innen

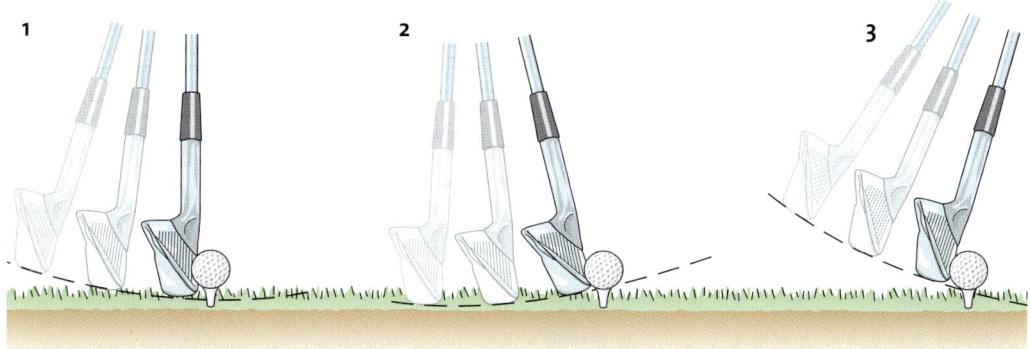

1   Der Schläger trifft den Ball im richtigen Winkel, ...

2   ... in einer Aufwärtsbewegung,

3   ... in einer zu steilen Abwärtsbewegung

zu flacher Eintreffwinkel hingegen lässt den Ball höher starten, verleiht ihm aber weniger Rückwärtsdrall. In Extremfällen wird der Schläger entweder vor dem Ball auf dem Boden aufschlagen oder den Ball so weit oben treffen, dass er nur rollt.

### Treffen im »Sweet spot«

Bälle, die mit dem » Sweet spot« des Schlägers getroffen werden, werden in die richtige Richtung fliegen und durch die optimale Kraftübertragung optimale Weiten erreichen. Ein Treffen außerhalb des »Sweet spot« wird den Ball mehr oder weniger nach rechts oder links ablenken und den Flug verkürzen.

### Schlägerkopfgeschwindigkeit

Die Schlägerkopfgeschwindigkeit wirkt sich auf die Flugweite aus. Außerdem wird ein seitlicher Drall des Balls oder ein Rückwärtsdrall durch eine höhere Schlägerkopfgeschwindigkeit verstärkt. Mit den längeren Schlägern werden höhere Schlägerkopfgeschwindigkeiten erreicht als mit den kürzeren Schlägern.

## Die Flugkurven

Wie beschrieben haben die Stellung der Schlagfläche im Treffmoment und die Schwungrichtung des Schlägers entscheidenden Einfluss auf die Flugrichtung des Balls. Beide Faktoren können in unterschiedlicher Kombination auftreten. Die so entstehenden Flugkurven (siehe Grafik Seite 107) werden mit den Fachausdrücken in Tabelle Seite 106 erklärt. Es handelt sich dabei nicht immer um Fehlschläge. Erfahrene Spieler können die Flugkurven auch bewusst einsetzen, um etwa einen Baum in der Spielbahn zu umgehen. Der Vollständigkeit halber sollen auch noch die beiden Fachausdrücke »Fade« und »Draw« angesprochen werden:

- Ein **Fade** bezeichnet einen Ball, der leicht links von der Ziellinie startet und im Flug leicht nach rechts abdreht.
- Bei einem **Draw** startet der Ball leicht rechts von der Ziellinie und dreht im Flug leicht nach links ab.

Beide Male landet der Ball im Zielbereich.

| | | | | |
|---|---|---|---|---|
| **1 Start in Zielrichtung** | | | | |
| a | **Gerader Ballflug** | Ball startet in Zielrichtung und fliegt in gerader Linie zum Ziel | Schläger schwingt Richtung Ziel; Schlagfläche steht senkrecht zur Schwungrichtung |
| b | **Hook** | Ball startet in Zielrichtung und dreht nach links ab | Schläger schwingt Richtung Ziel; Schlagfläche zeigt im Verhältnis zur Schwungrichtung nach links (geschlossene Schlagfläche) |
| c | **Slice** | Ball startet in Zielrichtung und dreht nach rechts ab | Schläger schwingt Richtung Ziel; Schlagfläche zeigt im Verhältnis zur Schwungrichtung nach rechts (offene Schlagfläche) |
| **2 Start nach links** | | | | |
| a | **Pull** | Ball startet nach links und fliegt in gerader Linie weiter | Schwungrichtung nach links; Schlagfläche steht senkrecht zur Schwungrichtung |
| b | **Pull-Hook** | Ball startet nach links und dreht nach links ab | Schwungrichtung nach links; Schlagfläche zeigt im Verhältnis zur Schwungrichtung nach links (geschlossene Schlagfläche) |
| c | **Pull-Slice** | Ball startet nach links und dreht nach rechts ab | Schwungrichtung nach links; Schlagfläche zeigt im Verhältnis zur Schwungrichtung nach rechts (offene Schlagfläche) |
| **3 Start nach rechts** | | | | |
| a | **Push** | Ball startet nach rechts und fliegt in gerader Linie weiter | Schwungrichtung nach rechts; Schlagfläche steht senkrecht zur Schwungrichtung |
| b | **Push-Hook** | Ball startet nach rechts und dreht nach links ab | Schwungrichtung nach rechts; Schlagfläche zeigt im Verhältnis zur Schwungrichtung nach links (geschlossene Schlagfläche) |
| c | **Push-Slice** | Ball startet nach rechts und dreht nach rechts ab | Schwungrichtung nach rechts; Schlagfläche zeigt im Verhältnis zur Schwungrichtung nach rechts (offene Schlagfläche) |

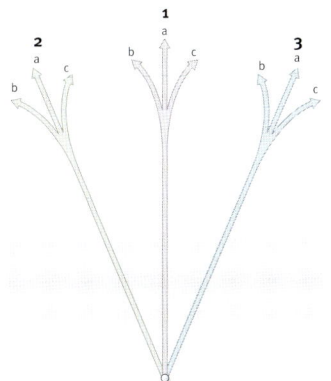

Die Flugkurven aus nebenstehender Tabelle

# Die Schwungebene

Die obigen Ausführungen haben Ihnen gezeigt, wie sich die Treffmoment-Faktoren auf das Flugverhalten des Balls auswirken. Sie haben gelernt, dass ein gerader Ballflug und optimale Weiten nur erreicht werden können, wenn

• die Schlagfläche im Treffmoment senkrecht zur Ziellinie steht,
• der Schläger im Treffmoment in Richtung Ziel schwingt,
• der Eintreffwinkel weder zu steil noch zu flach ist,
• der Ball mit dem »Sweet spot« des Schlägers getroffen wird und
• der Schlägerkopf die optimale Geschwindigkeit erreicht.

Eines unserer wichtigsten Trainingsziele ist, den Schläger richtig an den Ball zu bringen und dabei Beständigkeit und Wiederholbarkeit zu erreichen. Entscheidend für ein sauberes Treffen ist, dass sich der Schläger insbesondere im Abschwung in der richtigen

Ebene befindet. Die Schwungebene ist ein wichtiges Instrument der Golfschwunganalyse und wird Ihnen im praktischen Unterricht immer wieder begegnen.

Um den Begriff der Ebene besser zu verstehen, sollten Sie sich eine Scheibe vorstellen. Die Scheibe hat in der Mitte ein Loch, in dem der Spieler steht. Kopf, Schultern und Arme befinden sich über der Scheibe, der Unterkörper unterhalb der Scheibe. Die Scheibe befindet sich aber nicht in der Waagrechten, sondern verläuft entlang des Schlägerschaftes in einem bestimmten Winkel zum Boden. Der Winkel zwischen Scheibe und Boden wird bestimmt durch den Lie des Schlägers. Diese Scheibe zeigt Ihnen die Schaftebene an.

Bei einem korrekt ausgeführten **halben Schwung** befindet sich der Schlägerschaft während der gesamten Bewegung genau in dieser Ebene. Erst wenn sich die Arme bei den größeren Schwüngen (Pitch und voller Schwung) in der Ausholbewegung vom Oberkörper lösen und der Schläger aus der Waagrechten weiter nach oben schwingt,

Darstellung der Schaftebene

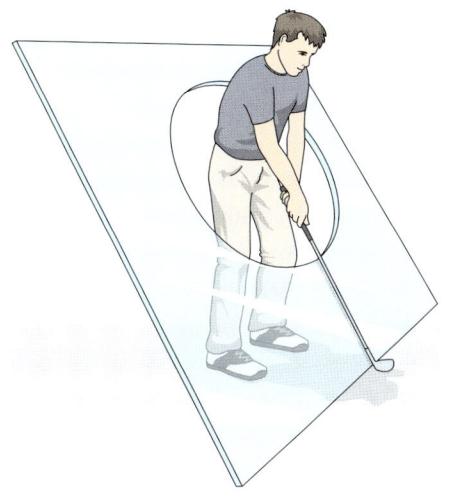

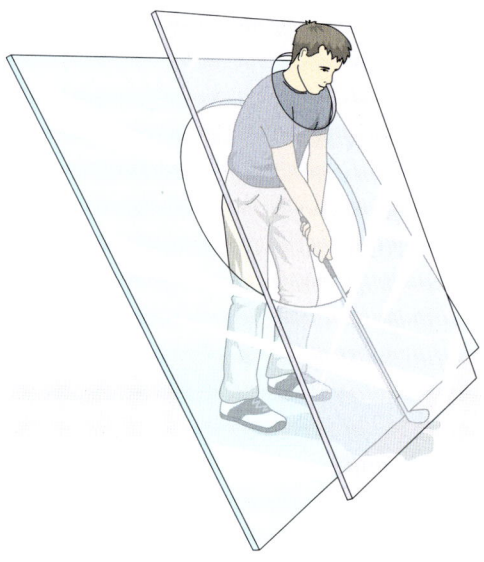

Die beiden Ebenen bilden den Schwungkorridor

bewegt sich der Schlägerschaft aus der Ebene heraus. Er bleibt aber in einem von der Schaftebene und einer zweiten Ebene gebildeten Korridor.

Stellen Sie sich dazu eine weitere Scheibe vor, die auf den Schultern des Spielers aufliegt und zum Ball zeigt. Nur der Kopf befindet sich oberhalb der Scheibe. Der linke Arm bleibt auch im höchsten Punkt der Ausholbewegung unterhalb dieser zweiten Scheibe. Er soll aber allenfalls parallel zur Schaftebene sein, keinesfalls flacher. Durch die Bewegung der Hüften und das Fallen der Arme im Abschwung wird sich der Schläger der Schaftebene wieder annähern. In der Neun-Uhr-Position ist er noch leicht über der Schaftebene, aber schon parallel zu ihr. Sobald der Schläger in die Waagrechte zurückgekehrt ist und weiter Richtung Ball schwingt, muss er sich wieder genau auf der Schaftebene befinden. Dort bleibt er bis zu der im Durchschwung erreichten waagrechten Stellung des Schlägers. Im weiteren

Durchschwung wird sich der Schläger wieder innerhalb des von den beiden Ebenen gebildeten Korridors bewegen (105).

Mit der Wahl eines anderen Schlägers ändern sich der Lie und der Abstand zum Ball. Dadurch verändert sich auch die Lage der Ebenen. Je kürzer der Schläger ist, desto näher steht der Spieler am Ball und umso steiler ist der Lie. Längere Schläger schwingen dagegen auf einer flacheren Ebene. Besonders gut zu erkennen ist das im höchsten Punkt der Ausholbewegung. Dort steht der linke Arm bei den kürzeren Schlägern steiler als bei den längeren Schlägern. Bei einem guten Griff, einer korrekten Ausrichtung des Körpers zum Ziel und der richtigen Haltung wird sich jeder Schläger ohne weiteres Zutun in der für ihn passenden Ebene bewegen. Bewusste Veränderungen im Schwung sind hierfür nicht notwendig.

Der schnelle Bewegungsablauf bei einem Golfschwung macht es unmöglich, an Einzelheiten der Schwungebene zu denken. Beim Training vor einem seitlich angebrachten Spiegel oder mit Hilfe einer Videokamera kann Ihnen das Wissen um die Schwungebene aber wertvolle Hilfe sein. Korrekturen an der Schwungebene sind allerdings sehr schwierig und bedürfen zuvor einer fachkundigen Analyse der Schwachstellen. Sie sollten deshalb zusammen mit einem qualifizierten Golflehrer an Ihrer Schwungebene arbeiten.

Nach dieser kurzen Einführung in die Theorie des Golfschwungs sollten Sie die Lektionen »Halber Schwung« und »Voller Schwung« nochmals wiederholen. Mit dem Wissen um die Treffmoment-Faktoren und die Schwungebene wird Ihnen nun sicherlich manches verständlicher.

105 Beim vollen Schwung verlässt der Schläger ab Hüfthöhe die Schaftebene und bewegt sich im Schwungkorridor, bis er im Abschwung in die Schaftebene zurückkehrt

| GRUND-SCHLÄGE | AUSGANGSHALTUNG | | | | | |
|---|---|---|---|---|---|---|
| | Schläger | Griff | Ballposition | Stand | Gewicht | Ausrichtun |
| **Putt** | Putter | Reverse overlapping grip | etwas links von der Mitte des Stands | bequem; Abstand der Füße nicht allzu groß | auf beiden Füßen gleich verteilt | Körper parallel zur Ziellini |
| **Chip-Putt** | Eisen 9, 7 oder Sand Wedge | Reverse over-lapping grip; Schläger kurz gegriffen | leicht rechts von der Mitte des Stands | enger Stand; Abstand der Füße ca. 20 cm | 70 % auf dem linken Fuß | Körper parallel zur Ziellini |
| **Standard-Chip** | Eisen 9, 7 oder Sand Wedge | Overlapping grip; Schläger kurz gegriffen | leicht rechts von der Mitte des Stands | enger Stand; Abstand der Füße ca. 20 cm | 70 % auf dem linken Fuß | Körper parallel zur Ziellini |
| **Halber Schwung** | Eisen 9 | Overlapping grip | in der Mitte des Stands | Fersen nicht ganz schulterbreit | auf beiden Füßen gleich verteilt | Körper parallel zur Ziellini |
| **Pitch** | Sand Wedge; bei größeren Distanzen Pitching Wedge | Overlapping grip | in der Mitte des Stands | Fersen etwa hüftbreit | 60% auf dem linken Fuß | Schultern parallel zur Ziellini |
| **Voller Schwung** | alle außer Putter | Overlapping grip | abhängig von der Schlägerwahl | mittlere Eisen: schulterbreit; kürzere Eisen: etwas enger; lange Eisen und Hölzer: etwas breiter | auf beiden Füßen gleich verteilt | Körper parallel zu Ziellinie |

Die Grundschläge im Vergleich

| Position der Hände | Besonderheiten | SCHWUNGBEWEGUNG | | | | |
|---|---|---|---|---|---|---|
| | | Beschreibung | Handgelenke | Besonderheiten | Längenkontrolle |
| unter den Schultern und auf Höhe des Balls | Augen über dem Ball; Hände unter den Schultern | Pendelbewegung aus Schultern und Armen | stabil | | über die Größe der Pendelbewegung bei gleichem Zeitaufwand |
| etwas vor dem Ball | Augen über dem Ball; Schläger steht auf der Spitze | Pendelbewegung aus Schultern und Armen | stabil | allein der Loft bringt den Ball zum Fliegen | über die Größe der Pendelbewegung bei gleichem Zeitaufwand |
| vor dem Ball | linker Arm und Schlägerschaft bilden eine Linie | Pendelbewegung aus Schultern und Armen | bewegen sich passiv mit | Ball wird in einer leichten Abwärtsbewegung getroffen | über die Größe der Pendelbewegung bei gleichem Zeitaufwand |
| nur leicht vor dem Ball | | Körperdrehung um die Wirbelsäule bei konstanter Neigung; Schläger schwingt etwa bis auf Hüfthöhe | winkeln beim Ausholen leicht an | | |
| leicht vor dem Ball | offener Stand | Körperdrehung um die Wirbelsäule bei konstanter Neigung; verbunden mit einem Heben und Senken der Arme | winkeln beim Ausholen an | Ball wird in einer leichten Abwärtsbewegung getroffen | über drei Schwunggrößen: 8.00 – 4.00 Uhr 9.00 – 3.00 Uhr 10.30 – 1.30 Uhr |
| nach Schläger mehr oder weniger vor dem Ball | | Körperdrehung um die Wirbelsäule bei konstanter Neigung; verbunden mit einem Heben und Senken der Arme | winkeln beim Ausholen an | | über den Einsatz verschiedener Schläger |

# Bunkerschlag

Die meisten Freizeitspieler fürchten den Bunkerschlag. Mit
der richtigen Technik und ein wenig Übung ist aber auch
dieser Schlag von jedem Spieler gut zu bewältigen. Die
praktische Bedeutung des Bunkerschlages sollte nicht unterschätzt werden – er kommt auf einer Runde oft mehrfach
zum Einsatz.

Wie Sie wissen, unterscheidet man zwischen
Fairway-Bunkern und Grün-Bunkern.
Schläge aus einem Fairway-Bunker werden
nach Möglichkeit mit dem vollen Schwung
ausgeführt. Bei diesen Schlägen ist es besonders wichtig, den Ball exakt zu treffen.
Sand zwischen Ball und Schlagfläche führt
zu einem Energieverlust, der sich letztlich
negativ auf die Länge des Schlages auswirkt.
Auf die Besonderheiten bei Schlägen aus
einem Fairway-Bunker kommen wir später
zurück (siehe dazu Seite 138).

Wenn von einem Bunkerschlag die Rede ist,
sind üblicherweise Schläge aus einem Grün-
Bunker gemeint. Diese um das Grün herum
platzierten Bunker »bewachen« das Grün.
Wegen der geringen Entfernung zum Loch
zählen diese Bunkerschläge ebenso wie die
schon bekannten Chip- und Pitch-Schläge
zum kurzen Spiel.

Bei Schlägen aus einem Grün-Bunker machen der sandige Untergrund und die zum
Grün hin meist erhöhte Bunkerkante einige
Anpassungen in der Bewegung erforderlich. Die Besonderheit liegt darin, dass der
Schlägerkopf – anders als bei Schlägen aus
einem Fairway-Bunker – vor dem Ball
den Sand trifft und anschließend unter

dem Ball hindurchgleitet. Der Ball fliegt auf
dem vom Schläger herausgeschleuderten
Sandkissen. Es kommt zu keinem direkten
Kontakt zwischen Ball und Schlagfläche.
Der vom Sand verursachte Energieverlust
wird bewusst in Kauf genommen und muss
durch eine größere Schwungbewegung
kompensiert werden. Dabei gilt folgende
Faustregel: Für einen 10-Meter-Schlag aus
dem Bunker wird in etwa so viel Schwung
benötigt wie für einen 30-Meter-Schlag vom
Fairway.

Sie werden sich vielleicht fragen, weshalb
die Schläge aus einem Grün-Bunker
nicht mit einem Chip- oder Pitch-Schlag
ausgeführt werden. Das liegt daran, dass
Chip- oder Pitch-Schläge auf sandigem
Boden sehr risikoreich sind. Der Spieler
muss den Ball schon sehr exakt treffen.
Gelangt nur ein wenig Sand zwischen Ball
und Schlagfläche, wird der Schlag durch
den Energieverlust viel zu kurz geraten, so
dass er oft nicht einmal die Bunkerkante
überwindet. Bei hohen Bunkerkanten sind
Chip- oder Pitch-Schläge gar nicht möglich,
weil der Ball in der Anfangsphase flacher
ansteigt, als dies bei Bunkerschlägen der
Fall ist.

## Einführung in die Technik

Für Schläge aus einem Grün-Bunker wird in der Regel das Sand Wedge verwendet. Dieser Schläger unterscheidet sich in seiner Konstruktion von allen anderen Schlägern. Eine der Besonderheiten liegt darin, dass die hintere Kante der im Vergleich zu den übrigen Eisen breiteren Sohle bei senkrechtem Schlägerschaft tiefer liegt als die vordere Kante. Diese spezielle Sohlenkonstruktion lässt den Schläger durch den Sand gleiten (Surfbrett-Effekt). Wäre die Vorderkante tiefer, würde sich der Schläger in den Sand graben. Die im Vergleich zu den übrigen Eisen starke Neigung der Schlagfläche (Loft) lässt den Ball sehr hoch fliegen, sanft auf dem Grün landen und nur wenig ausrollen. Auf diese

Beim Sand Wedge liegt die hintere Kante der Sohle tiefer als die vordere

Weise können auch die manchmal sehr hohen Bunkerkanten gut überwunden werden.

### Der Griff

Verwenden Sie den Griff, den Sie vom Pitchen und vom vollen Schwung her kennen. Um aber den oben beschriebenen Surfbrett-

**106** Das Öffnen der Schlagfläche von der Zwölf-Uhr-Position ...

**107** ... auf die Ein-Uhr-Position

Effekt zu verstärken und zu verhindern, dass sich der Schläger in den Sand gräbt, wird die Schlagfläche »geöffnet«. Das erreichen Sie so: Stehen Sie aufrecht. Arme hängen locker nach unten. Halten Sie den Schläger (nur!) mit der rechten Hand am unteren Griffende. Heben Sie den Schläger aus der Hand an, bis er parallel zum Boden verläuft. Die Ellbogen liegen am Oberkörper an (Griff-Check-Position). Die vordere, untere Kante des Schlägerkopfes steht senkrecht nach oben. Oder anders ausgedrückt: Der Schlägerkopf zeigt auf die Zwölf-Uhr-Position (106). Bevor jetzt die linke Hand den Schläger greift, wird der Schläger im Uhrzeigersinn so weit nach rechts gedreht, bis der Schlägerkopf auf die Ein-Uhr-Position zeigt. Nehmen Sie nun zuerst mit der linken und dann mit der rechten Hand die korrekte Griffhaltung ein. Der Schlägerkopf zeigt weiter auf die Ein-Uhr-Position (107). Wenn Sie jetzt den Schläger absenken, ist die Schlagfläche nach rechts verkantet. Man spricht von einer »offenen« Schlagfläche. Durch das »Öffnen« der Schlagfläche verschiebt sich die konstruktionsbedingt ohnehin tiefere hintere Kante der Sohle im Verhältnis zur vorderen Kante noch weiter nach unten. Das verhindert ein Eingraben des Schlägers. Er gleitet noch leichter durch den Sand.

## Stand und Ballposition

Bei einem Schlag vom Rasen lässt eine geöffnete Schlagfläche den Ball stark nach rechts fliegen. Im Bunker ist dieser Effekt deutlich geringer. Das liegt daran, dass die Ferse des Schlägerkopfes zuerst in den Sand trifft und dadurch stärker abgebremst wird als die Spitze. Nach dem Eintreffen in den Sand wird sich die Schlagfläche deshalb etwas nach links in Richtung Ziel drehen. Der Ball wird nur noch ein wenig nach rechts abgelenkt. Diese verbleibende Abweichung wird durch die Ausrichtung des Körpers ausgeglichen. Bei einem idealen Stand ist der Körper deshalb nicht parallel zur Ziellinie, sondern leicht nach links ausgerichtet, während die Schlagfläche leicht rechts am Ziel vorbei zeigt.

Stehen Sie beim Bunkerschlag etwas breiter als beim Pitchen. Die Fersen sind etwa schulterbreit auseinander. Wie beim Pitchen ist der linke Fuß etwas zurückgesetzt (»offener« Stand). Verschaffen Sie sich durch ein leichtes Drehen der Füße einen festen Stand im Sand. Das Körpergewicht lastet zu etwa 60 Prozent auf dem linken Fuß. Da der Schlägerkopf vor dem Ball in den Sand trifft, liegt der Ball nicht wie beim Pitchen in der Mitte des Stands, sondern gegenüber der linken Ferse (108 A + B, Seite 116).

## Die Haltung

Die Körperhaltung kennen Sie schon. Sie entspricht derjenigen beim halben Schwung, beim Pitchen und beim vollen Schwung. Die Hände befinden sich also leicht links von der Körpermitte. Aufgrund der Ballposition gegenüber der linken Ferse sind die Hände jetzt auf Höhe des Balls oder leicht dahinter. Sie sollten sich beim Standard-Bunkerschlag keinesfalls vor dem Ball befinden. Das würde die vordere Kante der Schlägerkopfsohle nach unten verschieben und den gewünschten Surfbrett-Effekt reduzieren.

Da Sie beim Bunkerschlag nicht den Ball, sondern vorher in den Sand schlagen sollen, zeigt der Schlägerkopf in der Ausgangshaltung auf die Stelle im Sand, die er im Ab-

**108** Deutlich zu sehen: die offene Schlagfläche. Der Körper ist nach links ausgerichtet

schwung treffen soll (etwa 5 bis 7 Zentimeter hinter dem Ball). Achten Sie aber darauf, den Sand vor dem Schlag auf keinen Fall zu berühren. Die Regeln besagen, dass in Hindernissen die Bodenbeschaffenheit vor dem Schlag nicht überprüft werden darf. Der Schlägerkopf darf also weder vor dem Schlag auf den Boden aufgesetzt werden, noch darf der Sand bei einem Probeschwung berührt werden. Führen Sie deshalb Probeschwünge außerhalb des Bunkers aus und halten Sie den Schläger in der Ausgangshaltung leicht über dem Boden.

### Die Bewegung

Die Schwungbewegung beim Bunkerschlag entspricht derjenigen eines langen Pitch-Schlages. Die Ausholbewegung endet, wenn die Hände etwa auf die Halb-Elf-Uhr-Position zeigen. Der Durchschwung ist in etwa so groß wie die Ausholbewegung. Für einen erfolgreichen Bunkerschlag ist es besonders wichtig, dass die Handgelenke bei der Ausholbewegung gut anwinkeln. Im Vergleich zum Pitch-Schlag sollte der Schlägerschaft in der Ausholbewegung tendenziell steiler nach oben zeigen. Vermeiden Sie in jedem Fall eine zu flache Ausholbewegung.

Wie beim Pitchen wird das Gewicht beim Ausholen nur minimal nach rechts verlagert. Versuchen Sie, etwa 5 bis 7 Zentimeter vor dem Ball den Sand zu treffen und den Schläger unter dem Ball durchgleiten zu lassen. Durch den oben beschriebenen Surfbrett-Effekt ist die Mulde (Divot), die der Schlägerkopf im Sand hinterlässt, bei kor-

A B C

D E F

**109** Die Bewegung gleicht der eines langen Pitch-Schlags

rekter Ausführung lang und relativ flach (109).

Achten Sie auf eine rhythmische, fließende Schwungbewegung. Sie sollten den Schläger auf keinen Fall stoppen, wenn er den Sand berührt. Schwingen Sie locker bis zur Endposition durch! Es ist kein schneller und kräftiger Schlag erforderlich. Das würde nur dazu führen, dass sich der Schläger tief in den Sand eingräbt und entsprechend gebremst wird.

**T i p p**

Trainieren können Sie den Bunkerschlag in den Übungsbunkern beim Pitchinggrün.

Da der Bunkerschlag – mit einigen Besonderheiten – einer großen Pitch-Bewegung entspricht, sollten Sie mit Ihren Übungen aber erst dann beginnen, wenn Sie den Pitch beherrschen.

## ÜBUNGEN

**Lernziel 1: Gefühl für den Schwung durch den Sand entwickeln**

Zeichnen Sie dort mit Ihrem Schläger zwei parallel zueinander und im rechten Winkel zur Ziellinie verlaufende Geraden in den Sand. Der Abstand zwischen beiden Geraden beträgt circa 25 Zentimeter. Stellen Sie sich so auf, dass die linke Fußspitze auf der näher zum Ziel gelegenen Geraden steht (110 A). Führen Sie einige Übungsschwünge aus. Ziel ist es, mit dem Schläger ein flaches Sandkissen herauszuschlagen. Die beiden Geraden geben die Größe des Sandkissens an. Versuchen Sie also, den Sand in Höhe der rechten Geraden zu treffen und den Schläger bis zur linken Geraden durch den Sand gleiten zu lassen (100 B). Schwingen Sie immer bis zur Endposition durch!

Wiederholen Sie diese Übung so lange ohne Ball, bis Sie mehrmals in Folge zwischen die beiden Geraden treffen. Nehmen Sie dann einen Ball dazu und legen Sie ihn – etwa 5 bis 7 Zentimeter von der rechten Geraden entfernt – zwischen die beiden Geraden. Der Ball müsste sich dann gegenüber der linken Ferse befinden. Führen Sie nun einen Bunkerschlag aus. Bei korrekter Ausführung wird der Ball auf dem Sandkissen fliegen und auf dem Grün landen.

## Tipp

Stellen Sie sich die beiden Geraden aus Übung 1 auch später vor jedem Bunkerschlag gedanklich vor. Sie geben Ihnen einen Anhaltspunkt, wo Sie den Sand treffen wollen.

**110** Übung 1

A

B

111  Übung 2

Wenn Sie Schwierigkeiten damit haben, den Sand an der richtigen Stelle zu treffen oder wenn Ihr Schläger nicht den Sand, sondern den Ball trifft, hilft Ihnen die folgende Übung:

**Lernziel 2: Gefühl für die eher steile Stellung des Schlägers in der Ausholbewegung und für den Eintreffwinkel im Abschwung entwickeln**

Begeben Sie sich wiederum in den Übungsbunker. Legen Sie sich einen Ball zurecht. Platzieren Sie den bereitliegenden Bunker-Rechen vom Ziel aus gesehen etwa 80 Zentimeter hinter den Ball. Dabei zeigt der Stiel des Bunker-Rechens etwa 45° nach oben. Verwenden Sie zur Fixierung einen Ihrer Schläger. Alternativ kann eine zweite Person den Rechen festhalten. Nehmen Sie nun die korrekte Haltung ein und versuchen Sie zunächst eine Ausholbewegung (111).

Um über den Rechen hinwegzuschwingen, müssen die Handgelenke frühzeitig und gut anwinkeln. Der Schläger muss tendenziell steiler nach oben geschwungen werden. Vermeiden Sie ein Aufrichten des Körpers und achten Sie auch auf eine gute Schulterdrehung!

Wenn Sie nach ein paar Versuchen ein Gefühl für die Ausholbewegung entwickelt haben, können Sie den Rückschwung mit einem langsam ausgeführten Abschwung verbinden. Richten Sie wiederum Ihre Aufmerksamkeit darauf, wie der Schläger über den Rechen hinwegschwingt. Prägen Sie sich dieses Gefühl ein und versuchen Sie dann einen rhythmischen, fließenden Bunkerschlag.

## Eingebohrte Bälle

Im Bunker werden Sie mit verschiedenen Balllagen konfrontiert. Je nach Bodenbeschaffenheit bleibt der Ball auf dem Sand liegen oder gräbt sich bei der Landung mehr oder weniger stark in den Sand ein (112). Den bereits erläuterten Standard-Bunkerschlag wenden wir immer dann an, wenn der Ball **auf** dem Sand liegt. Bei den eingebohrten Bällen sind dagegen einige Besonderheiten zu beachten, die im Folgenden näher erläutert werden. Dabei ist danach zu unterscheiden, wie stark sich der Ball in den Sand gegraben hat. Im Extremfall hat sich ein Krater um den Ball herum gebildet. Man spricht dann von einem so genannten »Spiegelei«.

### Halb eingebohrter Ball

Eine der Besonderheiten des Standard-Bunkerschlags liegt in der »offenen« Schlagfläche. Diese Maßnahme verhindert ein zu starkes Eingraben des Schlägers in den Sand. Hat sich der Ball dagegen etwa zur Hälfte in den Sand eingebohrt, muss auch der Schlä-

gerkopf tiefer in den Sand. Um dies zu erreichen, müssen folgende Anpassungen vorgenommen werden:

➤ Die Schlagfläche wird nicht »geöffnet«, sondern bleibt gerade. Im Vergleich zu einer »offenen« Schlagfläche liegt die hintere Kante der Schlägerkopfsohle dann nicht mehr so viel tiefer als die vordere Kante. Dadurch wird der Surfbrett-Effekt verringert und ein Eingraben des Schlägerkopfes in den Sand erleichtert.

➤ Der Ball liegt nicht gegenüber der linken Ferse, sondern in der Mitte des Stands.

➤ Die Hände bleiben in derselben Position wie beim Standard-Bunkerschlag. Aufgrund der veränderten Ballposition befinden sie sich aber vom Ziel aus gesehen etwas vor dem Ball.

➤ Die Füße sind parallel zur Ziellinie ausgerichtet (kein »offener« Stand).

➤ Das Gewicht lastet noch stärker auf dem linken Fuß.

Die Bewegung entspricht der des Standard-Bunkerschlags. Die Ausholbewegung endet, wenn die Hände etwa auf die Halb-Elf-Uhr-Position zeigen. Im folgenden Abschwung werden die oben genannten Veränderungen dazu führen, dass der Schläger steiler in den Sand eintrifft und sich tiefer eingräbt. Sie werden deshalb ein tieferes Sandkissen herausschlagen. Die größere Sandmenge erfordert eine hohe Energie. Schlagen Sie deshalb nur etwa zwei Zentimeter hinter dem Ball in den Sand und führen Sie den Schwung entsprechend energisch und konsequent aus.

**112** Von links nach rechts: Ball auf dem Sand, halb eingebohrt und tief eingebohrt (»Spiegelei«)

## Tief eingebohrter Ball

Bei tief eingebohrten Bällen muss der Schläger noch tiefer in den Sand. Deshalb wird die Schlagfläche in solchen Situationen »geschlossen«. Halten Sie dazu den Schläger (nur!) mit der rechten Hand am unteren Griffende. Bevor jetzt die linke Hand den Schläger greift, wird der Schläger gegen den Uhrzeigersinn so weit nach links gedreht, bis die vordere untere Kante des Schlägerkopfes auf die Elf-Uhr-Position zeigt. Nehmen Sie erst dann die korrekte Griffhaltung ein. Die Schlagfläche ist jetzt nach links verkantet (»geschlossen«). Die vordere Kante der Schlägerkopfsohle liegt tiefer als die hintere Kante. Der Surfbrett-Effekt bleibt aus und der Schlägerkopf kann sich tief in den Sand eingraben.

**113** Die Schlagfläche ist geschlossen

Trotz der geschlossenen Schlagfläche wird der Ball nur leicht nach links abgelenkt. Die Spitze des Schlägerkopfes trifft zuerst in den Sand und wird dadurch stärker abgebremst als die Ferse. Nach dem Eintreffen in den Sand wird sich die Schlagfläche deshalb etwas nach rechts Richtung Ziel drehen. Die verbleibende Ablenkung des Balls nach links wird durch die Ausrichtung des Körpers ausgeglichen. Bei einem idealen Stand ist der Körper deshalb nicht parallel zur Ziellinie, sondern leicht nach rechts ausgerichtet, während die Schlagfläche leicht links am Ziel vorbei zeigt.

Wählen Sie Ihren Stand so, dass sich der Ball leicht rechts von der Mitte des Stands befindet. Das Gewicht lastet hauptsächlich auf dem linken Fuß. Die Hände sind vor dem Ball (113).

Holen Sie bis zur Halb-Elf-Uhr-Position aus und schlagen Sie kräftig und steil nach unten in den Sand (114). Sie sollten dabei wiederum etwa zwei Zentimeter hinter dem Ball in den Sand treffen. Die große Sandmenge wird den Schläger stark abbremsen.

**114** Bei eingebohrten Bällen muss sich der Schläger tief in den Sand graben

Deshalb kommt es kaum zu einem Durchschwung. Hat sich um den tief eingebohrten Ball zusätzlich ein Krater gebildet (»Spiegelei«), gibt der Rand des Kraters die Stelle vor, an der der Schläger in den Sand treffen soll.

Nur so gelangt eine für einen Bunkerschlag ausreichende Menge Sand zwischen Schlagfläche und Ball. Ist der Rand des Kraters weiter als zwei Zentimeter vom Ball entfernt, muss der Schlag entsprechend kräfti-

| | Gute Lage (Standard-Bunkerschlag) | Halb eingebohrter Ball | Tief eingebohrter Ball | Spiegelei |
|---|---|---|---|---|
| **Schlagfläche** | offen | gerade | geschlossen | geschlossen |
| **Ballposition** | gegenüber der linken Ferse | in der Mitte des Stands | leicht rechts von der Mitte des Stands | leicht rechts von der Mitte des Stands |
| **Position der Hände** | auf Höhe des Balls oder leicht dahinter | etwas vor dem Ball | vor dem Ball | vor dem Ball |
| **Gewicht** | 60 % auf dem linken Fuß | 60–70 % auf dem linken Fuß | hauptsächlich auf dem linken Fuß | hauptsächlich auf dem linken Fuß |
| **Stand** | offen | Füße parallel zur Ziellinie | Füße parallel zur Ziellinie | Füße parallel zur Ziellinie |
| **Ausrichtung** | Körper leicht links, Schlagfläche leicht rechts vom Ziel | Körper parallel zur Ziellinie, Schlagfläche zum Ziel | Körper leicht rechts, Schlagfläche leicht links vom Ziel | Körper leicht rechts, Schlagfläche leicht links vom Ziel |
| **Treffen in den Sand** | etwa 5–7 cm vor dem Ball | etwa 2 cm vor dem Ball | etwa 2 cm vor dem Ball | am Rand des Kraters |
| **Bewegung** | Bewegung wie bei einem langen Pitch: 10.30 – 1.30 Uhr | Bewegung wie bei einem langen Pitch: 10.30 – 1.30 Uhr | Ausholbewegung bis 10.30 Uhr; Abschwung kräftig und steil nach unten; kaum ein Durchschwung | Ausholbewegung bis 10.30 Uhr; Abschwung kräftig und steil nach unten; kaum ein Durchschwung |

Die verschiedenen Lagen im Bunker sowie die notwendigen Anpassungen in der Vorbereitung auf den Schlag und in der Schwungbewegung

ger ausgeführt werden. Ansonsten wird das »Spiegelei« genauso gespielt wie der tief eingebohrte Ball.

Die bei eingebohrten Lagen notwendigen Anpassungen führen zu einer flacheren Flugbahn des Balls. Er hat kaum oder gar keinen Rückwärtsdrall. Deshalb wird er nach dem Landen weit ausrollen. Sehr hohe Bunkerkanten können aufgrund der flachen Flugbahn oft nicht überwunden werden. Der Spieler kann deshalb gezwungen sein, seitlich oder rückwärts aus dem Bunker hinauszuspielen.

## Checkbox

**1**   Schläge aus einem Grün-Bunker werden in der Regel mit dem Sand Wedge ausgeführt. Vor dem Schlag wird die Schlagfläche geöffnet.

**2**   Die Fersen sind etwa schulterbreit auseinander. Der linke Fuß ist etwas zurückgesetzt (offener Stand). Das Körpergewicht lastet zu etwa 60 Prozent auf dem linken Fuß. Der Ball liegt gegenüber der linken Ferse.

**3**   Die Schwungbewegung entspricht derjenigen eines langen Pitch-Schlages. Die Hände zeigen im höchsten Punkt der Ausholbewegung auf die Halb-Elf-Uhr-Position und in der Endposition auf die Halb-Zwei-Uhr-Position. Der Schläger trifft 5 bis 7 Zentimeter vor dem Ball in den Sand und gleitet unter dem Ball hindurch. Der Ball fliegt auf dem herausgeschleuderten Sandkissen.

**4**   Für einen erfolgreichen Bunkerschlag ist es besonders wichtig, dass die Handgelenke bei der Ausholbewegung gut anwinkeln.

**5**   Bei eingebohrten Bällen müssen Maßnahmen getroffen werden, die ein Eingraben des Schlägerkopfes in den Sand fördern.

# Auf dem Golfplatz

## Platzreife

Golfclubs in Deutschland machen das Spiel auf dem Platz in der Regel davon abhängig, dass der Spieler eine von diesem Club anerkannte Platzerlaubnis (Platzreife) vorlegt. Lediglich die auf manchen Anlagen befindlichen Kurzplätze dürfen meist ohne den Nachweis einer Platzerlaubnis benutzt werden. Die Platzreife ist eine Art »Führerschein«. Sie bescheinigt dem Spieler Kenntnisse in der Theorie und eine ausreichende Spielstärke. Es gibt allerdings keine einheitlich geltenden Richtlinien für die Ausstellung einer solchen Bescheinigung. Die Clubs legen die Voraussetzungen für den Zugang auf ihren Platz individuell fest. Deshalb sind sie auch nicht verpflichtet, die von anderen Clubs ausgestellten Platzreife-Bescheinigungen anzuerkennen. Gäste dürfen oft nur spielen, wenn sie ein bestimmtes Handicap (−36 oder besser) nachweisen. Anders als die Platzreife und die Clubvorgabe (−54 bis −37) wird das Handicap nach einheitlich geltenden Richtlinien vergeben. Alle Zugangsbeschränkungen dienen letztlich einem zügigen Spielverlauf. Spieler ohne die erforderliche Spielstärke würden das Spiel erheblich verzögern.

Die Platzreife-Prüfungen können auch Nichtmitglieder ablegen. Sie bestehen in der Regel aus einem Theorie- und einem Praxisteil. Im Theorieteil wird Etikette und Regelwissen abgefragt. Die meisten Clubs veranstalten Regelabende, an denen Ihnen die erforderlichen Kenntnisse vermittelt werden. Im Anschluss an die Teilnahme wird eine Prüfung – oft in Form eines Multiple-choice-Tests – abgelegt. Die Praxisprüfung nimmt der Pro ab. Er wird mit Ihnen mehrere Löcher spielen. Dabei muss meist eine vom Club vorgegebene Schlagzahl erreicht werden. Erkundigen Sie sich im Sekretariat des Clubs nach den dortigen Bedingungen.

An Urlaubsorten finden sich immer häufiger Angebote für einen mehrtägigen Intensivkurs mit anschließender Platzreife-Prüfung. Solchen Angeboten sollten Sie grundsätzlich kritisch gegenüberstehen. Bedenken Sie, dass die ausgestellte Bescheinigung von den Clubs in Ihrer Heimat oft nicht anerkannt werden. Dort besteht die – häufig berechtigte – Sorge, dass die Anbieter dem zahlenden Kunden die Platzreife bescheinigen, obwohl die erforderliche Spielstärke tatsächlich noch nicht erreicht ist.

## Etikette

Neben den offiziellen Golf- bzw. Turnierregeln gibt es einige Verhaltensregeln, die jeder Golfspieler kennen sollte. Man spricht von der so genannten Etikette. Bei Verstößen gegen die Etikette sehen die Golfregeln zwar keine unmittelbaren Sanktionen wie etwa einen Strafschlag oder die Disqualifikation von einem Turnier vor. Dennoch ist es sehr wichtig, diese Verhaltensregeln zu beachten. Sie sollen einen reibungslosen Spielablauf und größtmögliche Sicherheit für Sie und Ihre Mitspieler gewährleisten. Und nicht zuletzt dienen sie der Schonung der Anlage.

## Vor dem Spiel

Grundsätzlich muss sich jeder Spieler im Sekretariat des Golfclubs anmelden, bevor er die dortigen Übungsanlagen benutzt oder auf den Platz geht. Manche Clubs nehmen ihre Mitglieder von dieser Verpflichtung aus, nicht aber deren Gäste. Eine vorangegangene telefonische Anfrage ist generell ratsam. Gerade stark frequentierte Anlagen können oft nur bespielt werden, wenn im Voraus eine Startzeit reserviert wurde. Der Platz kann aber auch aus den verschiedensten Gründen – etwa wegen eines Turniers oder aufgrund von Platzpflegemaßnahmen – gesperrt sein. Telefonische Anfragen ersparen Ihnen eine vergebliche Anfahrt.

Das Telefonat gibt Ihnen außerdem die Möglichkeit, frühzeitig nach den jeweiligen Voraussetzungen für die Nutzung der Anlage zu fragen. Diese können von Club zu Club verschieden sein. Manche Clubs erlauben – etwa zu besonders stark frequentierten Zeiten – nur ihren Mitgliedern die Platznutzung. Andere verlangen den Nachweis der Platzreife oder eines bestimmten Handicaps.

Auch das so genannte »Greenfee« kann stark variieren. Dieser Ausdruck kommt – wie so viele – aus dem Englischen und steht für die Gebühr, die je nach Club für eine Runde beziehungsweise für einen Tag bezahlt werden muss. Die Übungsanlagen dürfen in der Regel überall ohne Platzreife und ohne eine Clubmitgliedschaft gegen Gebühr (Rangefee) benützt werden. Das Green- beziehungsweise Rangefee muss vor dem Spiel im Sekretariat bezahlt werden. Dort erhält man auch so genannte »Token« oder entsprechende Münzen, die für die Ballaschine der Übungsanlage notwendig sind.

Golf ist ein Spiel, das man gut alleine spielen kann. In Gesellschaft macht es aber meist mehr Spaß. Dabei können auch Spieler unterschiedlichster Spielstärke problemlos miteinander spielen. Schließen Sie sich deshalb ruhig anderen Spielern an. Freundliche Spieler, die die Regeln der Etikette beherzigen, sind immer willkommen. An Tagen mit sehr viel Spielbetrieb sollten unbedingt größere Gruppen (Flights) von maximal vier Personen gebildet werden. Manchmal gibt auch die Anlage die Größe der Gruppen vor. Auf diese Weise soll möglichst vielen die Gelegenheit zum Spielen gegeben werden, ohne einen gleichmäßigen Spielfluss zu beeinträchtigen.

## Spielverhalten

Gerade an Tagen mit sehr viel Spielbetrieb kann ein reibungsloser Ablauf nur gewährleistet werden, wenn alle Spieler aufeinander Rücksicht nehmen und unnötige Spielverzögerungen vermeiden. Dazu im Folgenden einige Hinweise:

➤ **Vermeiden Sie Unruhe.** Bewegen Sie sich zügig, aber ruhig über den Golfplatz und führen Sie Unterhaltungen in angemessener Lautstärke. Achten Sie darauf, dass auch Spieler auf benachbarten Spielbahnen nicht gestört sind.

➤ **Stehen Sie still und sprechen Sie nicht, während ein Mitspieler seinen Schlag ausführt.** Geben Sie ihm ausreichend Zeit und die nötige Ruhe für seine Vorbereitung, einen Probeschwung und den eigentlichen Schlag. Bleiben Sie nie in unmittelbarer Nähe des Schlagenden stehen. Auch der Schatten eines Menschen kann irritieren. Am besten stellen Sie sich in ausreichendem Abstand gegenüber dem Schlagenden auf.

➤ **Achten Sie auf die richtige Reihenfolge der Spieler.** Unklarheiten darüber, wer als Nächster an der Reihe ist, können das Spiel verzögern. Deshalb sollten folgende Regeln beherzigt werden: Am ersten Loch schlagen die Spieler in der Reihenfolge ihrer Spielvorgabe ab. Der Spieler mit der besten Spielvorgabe beginnt. Im weiteren Spielverlauf ist immer derjenige an der Reihe, dessen Ball am weitesten vom Loch entfernt ist. An den folgenden Abschlägen bestimmt sich die Reihenfolge nach dem auf der vorangegangenen Bahn erspielten Ergebnis. Der Spieler mit dem niedrigsten Score beginnt. Man sagt auch, dieser Spieler hat die Ehre. Bei gleichen Ergebnissen zweier oder mehrerer Mitspieler behält derjenige die Ehre, der sie zuletzt innehatte (Restehre). Unabhängig von den genannten Regeln führen die Herren ihre Abschläge immer vor den Damen aus, weil der Herrenabschlag weiter vom Loch entfernt ist als der Damenabschlag.

➤ **Sparen Sie Zeit,** indem Sie die für Ihren nächsten Schlag notwendigen Entscheidungen schon auf dem Weg zum Ball treffen. Nutzen Sie Zeiten, in denen andere Mitspieler an der Reihe sind. Verlassen Sie das Grün zügig, nachdem alle Mitspieler eingelocht haben, und füllen Sie die Scorekarten erst auf dem Weg zum nächsten Loch aus.

➤ **Vermeiden Sie unnötige Wege.** Jeder Spieler muss mit einer Tasche und einem Schlägersatz ausgerüstet sein. Es würde zu viel Zeit kosten, wenn nach jedem Schlag mehrere Spieler gemeinsam zu einem Ball gehen und Schläger tauschen müssten. Verzichten Sie auch sonst darauf, Ihre Mitspieler zu deren Ball zu begleiten. Schlagen Sie stattdessen sofort die Richtung ein, die Ihr Ball zuvor genommen hat. Stellen Sie Ihr Bag oder Ihren Trolly grundsätzlich in Ihrer Nähe ab. Bevor Sie das Grün betreten, sollten Sie dafür eine Stelle in Richtung des nächsten Abschlages wählen.

➤ **Treten Sie nicht auf die Putt-Linie Ihrer Mitspieler.** Ihr Fußabdruck könnte den Ball ablenken. Wenn alle Spieler Ihres Flights das Loch abgeschlossen haben, muss die Fahne für die nachfolgenden Gruppen zurückgesteckt werden. Achten Sie beim Zurücksetzen darauf, dass der Lochrand nicht beschädigt wird.

➤ **Lassen Sie schnellere Flights überholen.** Beobachten Sie die Flights vor und hinter Ihnen. Ist ein großer Abstand zur vorausgehenden Gruppe entstanden und muss der nachfolgende Flight vor jedem Schlag warten? Dann sollten Sie den Spielern hinter Ihnen die Möglichkeit zum Durchspielen geben. Ein Par 3 ist dafür am geeignetsten. Es ist sehr kurz und damit schnell zu passieren. Verlassen Sie das Grün, nachdem Sie und Ihre Mitspieler alle Bälle markiert haben, und fordern Sie die nachfolgenden Spieler durch Winken zum Schlag auf. Nachdem alle abgeschlagen haben, sollten Sie und Ihre Mitspieler Ihre Bälle zurücklegen und das Loch abschließen. Warten Sie, bis alle Mitspieler des nachfolgenden Flights eingelocht haben, und lassen Sie der schnelleren Gruppe am nächsten Abschlag den Vortritt. Anschließend können Sie in Ruhe weiterspielen.

Wie oben bereits ausgeführt, sollen die Regeln für das Verhalten auf dem Golfplatz nicht nur einen reibungslosen Spielablauf gewährleisten. Sie dienen auch Ihrer Sicherheit und der Sicherheit Ihrer Mitspieler. Hierzu noch folgende Hinweise:

➤ **Vermeiden Sie Gefahren.** Schützen Sie sich vor den mit hoher Geschwindigkeit startenden Bällen anderer Spieler, indem Sie immer auf gleicher Höhe mit dem Schlagenden oder etwas hinter ihm stehen bleiben. Denken Sie auch an die Gruppen vor sich und auf benachbarten Spielbahnen. Führen Sie erst dann Ihren Schlag aus, wenn Sie eine Gefährdung für andere Spieler ausschließen können.

➤ **Warnen Sie vor Gefahren, indem Sie laut und deutlich »fore« rufen.** Trotz aller Vorsichtsmaßnahmen können selbst die erfahrensten Golfspieler nicht immer vermeiden, dass ein Ball in die Richtung einer oder mehrerer Personen fliegt. Geben Sie den Betroffenen durch eine deutliche Warnung die Möglichkeit, sich vor schwerwiegenden Verletzungen zu schützen. Rufen Sie sofort, nachdem Sie die Gefahr erkannt haben. Zögern Sie auf keinen Fall etwa aus Angst vor Entdeckung oder in der Hoffnung, dass der Ball vielleicht doch niemanden trifft. Hier gilt der Grundsatz: »Rufen Sie lieber einmal zu oft als einmal zu wenig!« Den Verursachern empfiehlt die Etikette, sich gelegentlich bei den Betroffenen zu entschuldigen. Wenn Sie den Ruf »fore« hören, sollten Sie sofort in die Hocke gehen und die Arme über dem Kopf verschränken. Drehen Sie sich nie in die Richtung des Warnrufes, um zu sehen, ob Sie vielleicht gar nicht in Gefahr sind.

Ein belebter Tag auf dem Golfplatz hinterlässt seine Spuren. Bälle landen auf den feinen Oberflächen der Grüns, Flaggenstöcke und Schläger werden darauf abgelegt und Spikes an den Schuhen der Spieler bohren sich in den sorgfältig gepflegten Rasen. Auf den Spielbahnen werden Divots herausgeschlagen, in den Sandbunkern entstehen Fußspuren und andere Abdrücke. Oft werden auch Lebensmittelverpackungen und Zigarettenkippen – leider nicht immer in den dafür vorgesehenen Behältern – zurückgelassen. Die Ausbesserungen, das laufend notwendige Mähen, das Versetzen der Löcher auf den Grüns und die vielen anderen anfallenden Arbeiten sind in der zur Verfügung stehenden Zeit oft nicht zu schaffen. Dennoch wünschen sich die Golfspieler Tag für Tag einen perfekt gepflegten Golfplatz. Tragen Sie Ihren Teil dazu bei, indem Sie folgende Verhaltensregeln beachten:

➤ **Bessern Sie Pitchmarken aus.** Jede Landung des Balls auf dem Grün hinterlässt ein Einschlagloch, eine so genannte Pitchmarke. Pitchmarken können nicht nur einen auf dem Grün rollenden Ball ablenken, sie können auch zu Verbrennungen bis hin zum Absterben des auf dem Grün stark komprimierten Rasens führen. Bessern Sie deshalb jede sichtbare Pitchmarke sofort aus, selbst wenn sie nicht von Ihrem Ball stammt. Stechen Sie dazu mit der Pitchgabel um das Einschlagloch herum in das Grün und lockern Sie den zusammengepressten Rasen auf (116). Setzen Sie lose Gras- oder Erdteile in die Mitte des Lochs, schieben Sie alles etwas zusammen und ebnen Sie die Stelle mit Ihrem Putter.

➤ **Legen Sie die auf den Fairways herausgeschlagenen Divots unbedingt wieder zurück.** Achten Sie darauf, dass sich die Wurzeln wirklich unten befinden und treten Sie das Rasenstück fest (117).

116 Bessern Sie Pitchmarken aus ...

117 ... und legen Sie Divots aus den Fairways zurück

Anders als auf den Fairways werden die auf den Abschlägen entstandenen Divots auf den meisten Golfplätzen nicht zurückgelegt. Füllen Sie aber die im Rasen entstandenen Löcher mit Sand auf, wenn sich neben dem Abschlag ein entsprechender Behälter befindet. Schonen Sie den Rasen auf den Fairways, indem Sie bei Ihren Probeschwüngen keine Divots herausschlagen. Auf den Abschlägen sollten Sie bei Probeschwüngen jeden Kontakt des Schlägers mit dem Boden vermeiden. Führen Sie Ihre Probeschwünge deshalb gegebenenfalls an einer Stelle neben dem Abschlag aus. Auf der Driving Range herausgeschlagene Divots werden im Allgemeinen nicht wieder eingesetzt. Sie würden sich beim Aufsammeln der Divots nur unnötig gefährden. Die im Rasen entstandenen Löcher werden regelmäßig durch die Platzpfleger aufgefüllt.

➤ **Beseitigen Sie Spuren im Sandbunker.** Betreten Sie einen Sandbunker grundsätzlich von der flachsten Stelle, damit der Sand

an den steilen Hängen nicht heruntergetreten wird und auch dort gleichmäßig verteilt bleibt. Um möglichst wenig Fußspuren zu hinterlassen, sollten Sie außerdem die Stelle wählen, die dem Ball am nächsten liegt. Nach dem Schlag müssen alle Fuß-, Schläger- und Ballspuren mit den bereitliegenden Rechen eingeebnet werden!

➤ **Achten Sie bei der Benutzung von Trollies und Golf Carts auf eine größtmögliche Schonung des Golfplatzes.** Grüns, Abschläge, Bunker und Pflanzen entlang der Spielbahnen dürfen nicht beschädigt werden. Deshalb gilt:

- Keine Wagen auf Grüns, Abschlägen und in Bunkern!
- Fahren Sie auf keinen Fall zwischen Grünbunker und Grün!
- Vermeiden Sie unnötige Wege!
- Wenn Sie Ihr Golfbag tragen, sollten Sie es ebenfalls nicht auf dem Grün, den Abschlägen und in Bunkern, sondern immer etwas abseits davon ablegen.

## Das Spiel auf dem Platz

Manche Golfanlagen verfügen über einen Kurzplatz. Dort können Anfänger – meist auch ohne Platzreife – das Spiel auf dem Platz kennen lernen. Auf allen anderen Anlagen werden Sie Ihre ersten Versuche in der Regel mit einem Golflehrer unternehmen, der Sie auf die Platzreife vorbereitet. Ist die Platzreife erst einmal erreicht, werden Sie sich bald neue Ziele stecken. Sie werden sehen, dass gute Spielergebnisse nicht allein mit einer soliden Schwungtechnik zu erreichen sind. Wichtig sind auch eine gute Kondition und Spieltaktik sowie Konzentrationsfähigkeit und die richtige Einstellung. Im Folgenden werden einige allgemeine Hinweise zur Vorbereitung auf das Spiel, zur Platzstrategie und zu mentalen Aspekten gegeben. Außerdem finden Sie Erläuterungen zu Schlägen aus schwierigen Lagen. Zu nennen sind die Hanglagen sowie die Schläge aus einem Fairway-Bunker und aus dem Rough.

### Vorbereitung auf das Spiel

Ein gutes Spiel beginnt bereits vor der Runde. Spieler, die sofort nach ihrer Ankunft auf dem Parkplatz zum ersten Abschlag hetzen, verlieren oft schon auf den ersten Bahnen unnötig viele Schläge. Schlimmstenfalls ziehen sie sich Verletzungen wie etwa Zerrungen oder Muskelfaserrisse zu. Nehmen Sie sich deshalb ausreichend Zeit für die Vorbereitung auf das Spiel:

➤ Beginnen Sie mit einigen gezielten Lockerungs- und Dehnungsübungen, um die beim Golf besonders beanspruchte Arm-,

Schulter-, Rumpf- und Oberschenkelmuskulatur auf die Belastung vorzubereiten. Schlagen Sie anschließend ein paar Bälle auf der Driving Range. Gehen Sie dabei vor wie die Pros:

- Beginnen Sie mit einigen kurzen Schlägen mit dem Sand Wedge.
- Steigern Sie dann nach und nach die Länge, indem Sie jeweils einige Bälle mit jedem zweiten Eisen schlagen. Nehmen Sie also zunächst das Eisen 9, anschließend das Eisen 7, dann das Eisen 5 und so fort.
- Greifen Sie erst zu den Hölzern, wenn Sie sich gut mit den Eisen eingespielt haben.
- Zum Abschluss sollten Sie noch einige Neun-Uhr-Schwünge mit dem Sand Wedge ausführen, um nach den kraftvollen Schlägen mit den Hölzern wieder zu einem ruhigen Schwungrhythmus zu finden.

➤ Vergessen Sie nicht, vor jeder Runde einige Putts auf dem Übungsgrün auszuführen. Die Geschwindigkeit der Grüns ist stark witterungsabhängig und kann von Tag zu Tag variieren. Deshalb ist es selbst auf einem Ihnen bekannten Platz unbedingt notwendig, schon vor dem ersten Grün ein Gefühl für die Putt-Bewegung und den Lauf des Balls zu bekommen.

Eine gute Vorbereitung verringert nicht nur die Verletzungsgefahr; sie hilft auch Alltagssorgen zu vergessen. So können Sie unbeschwert zum ersten Abschlag gehen und sich auf das Spiel konzentrieren.

### Auf dem Abschlag

Auf den Abschlägen geht es nicht ausschließlich darum, maximale Weiten zu erreichen. Tatsächlich ist es viel wichtiger, den Ball ins

Spiel zu bringen und ihn strategisch richtig zu platzieren:

➤ Bei sehr engen Fairways sollten Sie bevorzugt mit einem Eisen abschlagen. Mit einem Holz ist die Gefahr eines Fehlschlags nach rechts oder links ins Rough sehr viel größer.

➤ Gehen Sie etwaigen Hindernissen aus dem Weg, indem Sie einen Schläger wählen, mit dem Sie das Hindernis gar nicht erst erreichen können. Nehmen Sie lieber den Längenverlust in Kauf, als einen Schlag an einem Hindernis zu verlieren.

➤ Berücksichtigen Sie seitliche Gefahren (Hindernisse, Ausgrenze) bei der Wahl Ihres Standorts auf dem Abschlag. Bei einer auf der rechten Seite des Fairways lauernden Gefahr sollten Sie Ihren Ball auf der rechten Seite des Abschlags, bei einer auf der linken Seite des Fairways lauernden Gefahr auf der linken Seite des Abschlags platzieren. Ihre Ziellinie bewegt sich dann jeweils von der Gefahr weg.

➤ An Par-3-Bahnen können die Grüns schon mit dem ersten Schlag erreicht werden. Der Wahl des richtigen Schlägers kommt deshalb entscheidende Bedeutung zu. Ihre Übungen auf der Driving Range haben Ihnen gezeigt, welchen Schläger Sie für welche Distanz benötigen. Sie müssen jetzt nur noch wissen, wie weit das Grün vom Abschlag entfernt ist. Die nötigen Informationen können Sie den Scorekarten oder den an den Abschlägen angebrachten Hinweisschildern entnehmen. Gehen Sie bei der Wahl des Schlägers immer von einem gut getroffenen Ball aus. Lassen Sie sich aber nicht von dem Ehrgeiz leiten, mit einem möglichst kurzen Schläger das Grün zu erreichen. Legen Sie mehr Wert

auf eine ruhige und rhythmische Bewegung und entscheiden Sie sich im Zweifel lieber für einen längeren Schläger.

➤ Die Windverhältnisse haben Einfluss auf den Ballflug. Es ist deshalb sehr wichtig, vor dem Schlag die Windrichtung zu bestimmen. Lassen Sie dazu einfach ein paar Grashalme fliegen und lesen Sie die Windrichtung ab. Gegenwind bremst den Ball. Sie benötigen deshalb einen längeren Schläger mit weniger Loft. Für Distanzen, die Sie unter Standardbedingungen mit einem Eisen 8 bewältigen, müssen Sie also ein Eisen 7, bei sehr starkem Gegenwind unter Umständen sogar ein Eisen 6 oder ein Eisen 5 verwenden. Rückenwind dagegen wirkt sich günstig auf die Länge aus. Verwenden Sie deshalb gegebenenfalls einen kürzeren Schläger mit mehr Loft (z. B. Eisen 7 statt Eisen 6). Seitenwind müssen Sie bei der Ausrichtung Ihres Körpers berücksichtigen. Zielen Sie bei Wind von links nach links und bei Wind von rechts nach rechts.

### Auf dem Weg zum Grün

Um sich ganz auf die Technik konzentrieren zu können, haben Sie Ihre Übungen auf der Driving Range unter idealen Bedingungen ausgeführt. Der Ball liegt dort auf einer gleichmäßig ebenen Rasenfläche. Das Spiel auf dem Platz wird Sie vor neue Herausforderungen stellen. Sie müssen auf die Besonderheiten des Untergrunds reagieren und werden mit den verschiedensten Balllagen konfrontiert:

### Schläge vom Fairway

Bei Schlägen vom Fairway hängt die Wahl des Schlägers vor allem von der zurückzulegenden Distanz ab. Markierungen auf dem Fairway zeigen Ihnen die Entfernung zum Grün an. Wenn Sie noch mehrere Schläge zum Grün hin benötigen, sollten Sie sich in Ihrer Schlägerwahl nicht allein von der maximal zu erreichenden Weite leiten lassen. Berücksichtigen Sie etwaige Hindernisse und wägen Sie bei riskanten Schlägen die »Belohnung« ab. Wirkt sich der gelungene riskante Schlag wirklich günstig auf das Ergebnis an diesem Loch aus oder erreichen Sie dieselbe Schlagzahl mit einer sichereren Spielvariante?

## Hanglagen

Aufgrund der natürlichen Gegebenheiten auf dem Platz wird sich der Ball mehr oder

**118** Bergauflage

weniger häufig in einer so genannten Hanglage befinden. Dabei unterscheidet man – je nach Neigung des Geländes – die Bergauflage, die Bergablage und die seitlichen Hanglagen, bei denen der Ball höher oder tiefer als die Füße des Spielers liegt. Diese besonderen Balllagen erfordern vor allem in der Vorbereitung auf den Schlag einige Anpassungen:

➤ In einer **Bergauflage** besteht die Gefahr, dass der Schläger nach dem Treffmoment im Gegenhang hängen bleibt. Um nicht in den Hang zu schlagen, sondern mit ihm nach oben schwingen zu können, müssen Sie Ihre Körperhaltung der Hanglage anpassen. Neigen Sie dazu den Oberkörper so weit nach rechts, bis die Verbindungslinie zwischen beiden Schultern parallel zur Hangneigung verläuft. In dieser Haltung lastet das Gewicht etwas mehr auf dem rechten Bein. Um ein sauberes Treffen zu gewährleisten, liegt der Ball im Vergleich zu einer Standardsituation etwas weiter links im Stand (118). Wenn Sie nun die erlernte Schwungbewegung ausführen, wird der Schläger aufgrund der besonderen Körperhaltung in der Ausholbewegung mit dem Hang nach unten und im Durchschwung mit dem Hang nach oben schwingen. Aufgrund der oben beschriebenen Anpassungen in der Körperhaltung wird der Ball höher und weniger weit fliegen. Das ist bei der Schlägerwahl zu berücksichtigen. Im Vergleich zu einem Schlag auf ebener Fläche muss für dieselbe Distanz ein längerer Schläger gewählt werden. Wäre unter Standardbedingungen ein Eisen 7 notwendig, müssten Sie also ein Eisen 6, bei sehr steilen Hängen unter

Umständen sogar ein Eisen 5 oder ein Eisen 4 verwenden. Berücksichtigen Sie beim Zielen, dass die Bälle aus Bergauflagen tendenziell eher nach links fliegen. Richten Sie sich deshalb etwas nach rechts aus. In Hanglagen kann man leicht das Gleichgewicht verlieren. Schwingen Sie deshalb in einer kontrollierten Geschwindigkeit, um den Ball sauber zu treffen.

➤ Auch bei **Bergablagen** muss die Körperhaltung dem Hang angepasst werden. Neigen Sie dazu den Oberkörper nach links, bis die linke Schulter etwas tiefer liegt als die rechte Schulter. Die Verbindungslinie zwischen beiden Schultern verläuft fast parallel zur Hangneigung. Das Gewicht lastet etwas mehr auf dem linken Bein. Der Ball liegt etwas rechts von der Mitte des Stands (119). Wenn Sie aus dieser Haltung die erlernte Schwungbewegung ausführen, wird der Schläger in der Ausholbewegung mit dem Hang nach oben und im Durchschwung mit dem Hang nach unten schwingen.

**119** Bergablage

Aus Bergablagen fliegen die Bälle flacher und weiter. Wählen Sie deshalb einen kürzeren Schläger mit mehr Loft. Spricht die zurückzulegende Distanz unter Standardbedingungen für ein Eisen 7, würden Sie sich für ein Eisen 8, bei sehr steilen Hanglagen unter Umständen für ein Eisen 9 entscheiden. Berücksichtigen Sie beim Zielen, dass die Bälle aus Bergablagen dazu tendieren, eher nach rechts zu fliegen. Richten Sie sich deshalb leicht nach links aus.

Für die meisten Spieler ist es schwierig, in der Bergablage einen sauberen Ballkontakt herzustellen. Es ist deshalb besonders wichtig, beim Ab- und Durchschwung

den Schläger in einer kontrollierten Geschwindigkeit mit dem Hang nach unten zu schwingen.

➤ **Seitliche Hanglagen** können in zwei Varianten auftreten. Der Ball kann oberhalb oder unterhalb der Füße des Spielers liegen.

Liegt der Ball **höher** als die Füße des Spielers, ist die Entfernung zwischen Spieler und Ball im Vergleich zu einer Standardsituation verkürzt. Es besteht die Gefahr, dass der Schläger zu früh in den Boden trifft. Um das zu vermeiden, wird der Schläger etwas kürzer gegriffen und die Körperhaltung der besonderen Balllage angepasst. Der Oberkörper ist etwas aufrechter als in einer Standardsituation, also weniger stark aus den Hüften heraus gebeugt (120 A, Seite 136). Diese aufrechtere Haltung führt zu einer flacheren Schwung-

120 Liegt der Ball höher als die Füße, ist ein flacher Schwung notwendig

121 Liegt der Ball tiefer als die Füße, ist ein steiler Schwung notwendig

ebene (vgl. Lektion 7). Der Schläger schwingt nicht so steil von oben nach unten, sondern in einer flacheren Ebene um den Körper herum. Das ermöglicht einen sauberen Kontakt mit dem erhöht liegenden Ball. Aus solchen Hanglagen fliegt der Ball häufig mit einem Drall nach links. Zielen Sie deshalb eher nach rechts (120 B).
Liegt der Ball **tiefer** als die Füße des Spielers, ist die Entfernung zwischen Spieler und Ball im Vergleich zu einer Standardsituation größer. Es besteht die Gefahr, den Ball zu weit oben zu treffen. Um das zu vermeiden, müssen Sie dem Ball »entgegenkommen«. Neigen Sie dazu Ihren Oberkörper aus den Hüften heraus stärker nach vorn als in einer Standardsituation. Gleichzeitig werden die Knie etwas stärker gebeugt. Achten Sie aber darauf, dass sich das Gewicht nicht zu sehr auf die Zehenspitzen verlagert (121 A).
Die gebeugte Haltung führt zu einer steileren Schwungebene. Das ermöglicht einen sauberen Kontakt mit dem tiefer liegenden Ball (121 B). Aus solchen Hanglagen fliegt der Ball häufig mit einem

Die verschiedenen Hanglagen sowie die notwendigen Anpassungen

| Besonderheiten im Vergleich zur ebenen Lage | Bergauflage | Bergablage | Ball liegt höher als die Füße | Ball liegt tiefer als die Füße |
|---|---|---|---|---|
| Schlägerwahl | längerer Schläger | kürzerer Schläger | gleich | gleich |
| Ballposition | weiter links | weiter rechts | gleich | gleich |
| Haltung | Oberkörper nach rechts geneigt; Schulterlinie parallel zur Hangneigung | Oberkörper nach links geneigt; Schulterlinie fast parallel zur Hangneigung | Oberkörper etwas aufrechter; Schläger kürzer gegriffen | Oberkörper stärker nach vorn geneigt; Knie stärker gebeugt |
| Gewicht | mehr auf dem rechten Bein | mehr auf dem linken Bein | auf beide Beine gleich verteilt | auf beide Beine gleich verteilt |
| Schwung | mit dem Hang von unten nach oben | mit dem Hang von oben nach unten | in einer flacheren Ebene | in einer steileren Ebene |
| Ballflug | höher und tendenziell nach links | flacher und tendenziell nach rechts | häufig mit einem Drall nach links | häufig mit einem Drall nach rechts |

Drall nach rechts. Zielen Sie deshalb eher nach links. Achten Sie besonders auf eine kontrollierte Schwunggeschwindigkeit, um das Gleichgewicht und die ungewohnt starke Neigung der Wirbelsäule konstant halten zu können.

**Schläge aus einem Fairway-Bunker**

Wegen der großen Entfernung zum Grün werden Schläge aus einem Fairway-Bunker nach Möglichkeit mit dem vollen Schwung ausgeführt. Die Wahl des Schlägers hängt dabei nicht allein von der zurückzulegenden Distanz ab, sondern richtet sich im Wesentlichen nach der Höhe der zu überwindenden Bunkerkante. Der Schläger muss ausreichend Loft haben, um den Ball über die Bunkerkante steigen zu lassen. Je höher die Bunkerkante ist, desto stärker muss die Neigung der Schlagfläche sein. Erlauben die Entfernung und die Höhe der Bunkerkante einen Schlag zum Grün, sollten Sie im Vergleich zu einem Schlag vom Fairway einen längeren Schläger nehmen. Würden Sie also bei einem Schlag vom Fairway ein Eisen 9 verwenden, wählen Sie für den Schlag aus dem Fairway-Bunker ein Eisen 8. Denken Sie daran: Die Golfregeln erlauben es nicht, in einem Hindernis die Bodenbeschaffenheit zu überprüfen. Der Schläger darf den Sand deshalb vor dem Schlag nicht berühren. Stehen Sie im Fairway-Bunker ein wenig breiter als bei einem vollen Schwung vom Fairway und verschaffen Sie sich durch ein leichtes Drehen der Füße einen festen Stand. Treffen Sie bei einem vollen Schwung aus einem Fairway-Bunker auf keinen Fall vor dem Ball in den Sand. Schon ein wenig Sand zwischen Ball und Schlagfläche würde zu einem Energieverlust führen, der sich negativ auf die Länge des Schlags auswirkt. Im Vergleich zu einer Standardsituation sollte der Ball deshalb etwas weiter rechts im Stand liegen. Bei einem vollen Schwung aus einem Fairway-Bunker wird der Schläger etwas kürzer gegriffen. Er ist dann leichter zu kontrollieren. Achten Sie besonders auf eine ruhige Schwungbewegung ohne großen Aufwand, um einen sauberen Ballkontakt zu gewährleisten. Die ruhige Schwungbewegung und der kürzer gegriffene Schläger führen zu einem Längenverlust, der durch die Wahl des im Vergleich zu einer Standardsituation längeren Schlägers ausgeglichen wird.

Manchmal lässt die Höhe der Bunkerkante oder die Balllage keinen langen Schlag zu. Führen Sie in diesen Fällen einen Standard-Bunkerschlag mit dem Sand Wedge aus, um den Ball zurück auf das Fairway zu bringen.

**Schläge aus dem Rough**

Ist Ihr Ball im Rough gelandet, sollten Sie zunächst die Lage des Balls sorgfältig analysieren:

➤ Liegt der Ball **auf** dem hohen Gras, können Sie einen Standard-Schlag ausführen. Die Spielsituation ist in etwa vergleichbar mit derjenigen, bei der der Ball auf einem Tee liegt.

➤ Liegt der Ball etwas **unterhalb der oberen Graskante**, scheiden die Hölzer und alle langen Eisen bei der Schlägerwahl aus. Diese Schläger mit einer geringen Neigung der Schlagfläche lassen den Ball nicht hoch genug fliegen. Verwenden Sie deshalb je nach Entfernung zum Grün ausschließlich die mittellangen und die kurzen Eisen. Der Ball sollte im Vergleich zu einer Standardsituation etwas weiter rechts liegen. Bei den mittellangen Eisen befindet sich der Ball also in etwa in der Mitte des Stands, bei den kurzen Eisen etwas rechts von der Mitte. In der Ausgangsposition lastet das Gewicht etwas mehr auf dem linken Fuß. Der Schläger wird dadurch in einem etwas steileren Winkel nach unten schwingen. Dies und die Ballposition verhindern, dass das hohe Gras den Schläger zu stark abbremst.

➤ Liegt der Ball **tief unten im Rough**, sind größere Weiten nicht mehr zu erreichen. Einziges Ziel muss sein, den Ball zurück auf das Fairway zu schlagen. Verwenden Sie dazu das Sand Wedge oder das Pitching Wedge. Der Ball liegt rechts von der Mitte des Stands. Das Gewicht lastet hauptsächlich auf dem linken Fuß. Holen Sie etwa bis zur Halb-Elf-Uhr-Position aus und schlagen Sie steil und kräftig nach unten Richtung Ball. Das tiefe Rough wird den Schläger stark abbremsen. Deshalb kommt es kaum zu einem Durchschwung. Schläge aus tiefem Rough sollten mit einem stärkeren Griffdruck ausgeführt werden, weil sich das hohe Gras um den Schlägerschaft wickeln und den Schläger verdrehen kann.

## Annäherung

Zu den Annäherungsschlägen zählen alle von einer Stelle außerhalb des Grüns ausgeführten Schläge, die den Ball auf das Grün und nahe zum Loch bringen sollen. Ihre Bedeutung für ein gutes Ergebnis darf nicht unterschätzt werden:

➤ Bei Schlägen aus größeren Entfernungen sollten Sie nicht auf die Fahne, sondern in die Mitte des Grüns zielen. Das gilt insbesondere dann, wenn sich in der Nähe der Fahne ein Hindernis (z. B. Bunker oder Wasserhindernis) befindet.

➤ Vor jedem Annäherungsschlag sollten Sie die Spielsituation und die Lage des Balls sorgfältig analysieren. Denken Sie daran: Je kleiner und einfacher die Bewegung ist, umso leichter lässt sich der Ball kontrollieren. Prüfen Sie deshalb immer zuerst, ob die Spielsituation einen Putt zulässt. Wenn Sie den Ball aufgrund der Bodenbeschaffenheit nicht putten können, sollten Sie an einen Chip-Putt oder an einen Standard-Chip denken. Einen Pitch sollten Sie nur dann in Betracht ziehen, wenn sehr hohes Gras oder ein sonstiges Hindernis überwunden werden muss. Beherzigen Sie den bei Golfspielern bekannten Spruch: »Flach spielen, hoch gewinnen.«

➤ Bei Schlägen vom Vorgrün ist der Putt dem Chip grundsätzlich vorzuziehen. Das gilt umso mehr, wenn das Grün zum Loch hin abfällt. Die Längenkontrolle fällt bei einem Putt sehr viel leichter als bei einem Chip.

➤ Nach den Golfregeln darf der Ball (nur) bei einem Schlag von einer Stelle außerhalb des Grüns die Fahne treffen. Der Spieler hat vor seinem Schlag die Wahl, ob die Fahne herausgenommen werden oder im Loch bleiben soll. Tests haben gezeigt, dass mehr Bälle eingelocht werden, wenn die Fahne im Loch bleibt.

## Auf dem Grün

Liegt der Ball erst einmal auf dem Grün, darf er nach den Golfregeln markiert, aufgenommen und gereinigt werden. Davon sollten Sie unbedingt Gebrauch machen. Verschmutzungen auf der Oberfläche des Balls stören seinen Lauf. Außerdem kann

schon ein wenig Schmutz zwischen Schlagfläche und Ball die Laufrichtung beeinflussen und einen nicht kalkulierbaren Längenverlust bedeuten.

➤ Gehen Sie beim Markieren des Balls
folgendermaßen vor:
- Legen Sie zunächst Ihren Ballmarker
oder eine Münze vom Ziel aus gesehen
hinter den Ball auf das Grün.
- Heben Sie den Ball auf und reinigen Sie
Ihn nötigenfalls.
- Legen Sie anschließend den Ball zurück
an die zuvor markierte Stelle und heben
Sie dann Ihren Ballmarker oder Ihre
Münze auf.

➤ Auf den Golfbällen sind die Hersteller-
namen aufgedruckt. Sie können sich das
Zielen erleichtern, indem Sie den Schrift-
zug nach der Ziellinie ausrichten, wenn
Sie Ihren Ball zurücklegen.

➤ Nachdem Sie das Grün gelesen haben
(siehe Erläuterungen auf Seite 37), sollten
Sie sich die Puttlinie bildlich vorstellen.
Sie können etwa an eine weiße Kreide-
linie, an eine Schiene, eine Rinne oder
Ähnliches denken. Machen Sie mit dieser
Vorstellung ein oder zwei Probeschwünge, um ein Gefühl für den Putt zu entwickeln. Richten Sie dann Ihren Blick
noch einmal auf das Ziel und führen
Sie die trainierte Pendelbewegung aus,
ohne sich Gedanken über die Technik
zu machen.

## Die richtige innere Einstellung

Beim Golfsport spielen neben der Schwungtechnik und der Spieltaktik auch mentale
Aspekte eine große Rolle. Dazu abschlie-
ßend noch einige Hinweise:

➤ Verwenden Sie nur diejenigen Schläger,
die Sie beherrschen und zu denen Sie Vertrauen haben. Wählen Sie ruhig eines der
Eisen, auch wenn die Theorie in der kon-
kreten Spielsituation für ein Holz spricht.
Ein schlechter Schlag mit einem Holz
bringt Sie in viel größere Schwierigkeiten
als der bewusst in Kauf genommene Längenverlust beim Schlag mit dem Eisen.

➤ Haben Sie sich für einen Schlag entschie-
den, sollten Sie alle zuvor angestellten
Überlegungen beiseite lassen und sich nur
noch auf die konkrete Spielsituation konzentrieren. Lassen Sie sich nicht durch
Gedanken an die Folgen eines gelungenen
oder misslungenen Schlages von der be-
vorstehenden Aufgabe ablenken.

➤ Lassen Sie Ihre Schlagvorbereitung zur
Routine werden. Dabei sollten Sie etwa
wie folgt vorgehen:
- Machen Sie ein bis zwei Probeschwünge.
- Stellen Sie sich dann in Verlängerung
der Ziellinie hinter dem Ball auf. Dabei
sollten Sie schon die korrekte Griffhaltung einnehmen.
- Visualisieren Sie das Ziel und stellen
Sie sich vor, wie der Ball dorthin fliegen
wird. Suchen Sie sich ein etwa einen
Meter vor dem Ball gelegenes Zwischenziel (z. B. Laub, dunkle oder helle Stelle
im Rasen).
- Gehen Sie mit dieser Vorstellung zum
Ball und richten Sie die Schlagfläche im
rechten Winkel zur Ziellinie aus. Das
Zwischenziel hilft Ihnen dabei.
- Richten Sie den Körper parallel zur Ziellinie aus und führen Sie den Schlag nach
einem weiteren Blick auf das Ziel aus.

➤ Richten Sie Ihre ganze Aufmerksamkeit auf die Ziellinie und versuchen Sie alle in Ihrem Blickfeld befindlichen Hindernisse gedanklich auszublenden. Stellen Sie sich dazu etwa ein Tor oder ein Fenster vor, durch das Sie den Ball schlagen werden.

➤ Spielen Sie **Ihr** Spiel! Lassen Sie sich durch gut gemeinte Ratschläge von Mitspielern oder Bekannten zu Spieltaktik, Schwungtechnik und Schlägerwahl nicht irritieren.

➤ Jeder Golfspieler kennt die Tage, an denen die Schläge nicht gelingen wollen. Viele Spieler neigen in solchen Situationen dazu, noch während des Spiels auf dem Platz Korrekturen an ihrer Schwungtechnik vorzunehmen. Das aber bleibt meistens ohne Erfolg und führt zu noch größerer Verunsicherung. Konzentrieren Sie sich deshalb nicht so sehr auf die Technik. Unternehmen Sie lieber etwas gegen die Anspannung. Atmen Sie tief durch, kontrollieren Sie Ihren Griffdruck und achten Sie auf eine ruhige und rhythmische Bewegung.

➤ Ärgern Sie sich nicht über einen misslungenen Schlag. Blicken Sie nach vorn und versuchen Sie, sich ganz auf den nächsten Schlag zu konzentrieren. Ein schlechter Schlag macht noch kein schlechtes Ergebnis!

➤ Spielen Sie Schlag für Schlag und Loch für Loch. Verschwenden Sie Ihre mentale Energie nicht damit, vorangegangene Spielsituationen zu analysieren oder kommende Schläge zu planen.

➤ Denken Sie positiv, reden Sie sich selbst gut zu und vertrauen Sie Ihrem Können. Nehmen Sie die Herausforderungen an, vor die Sie das Spiel stellt. Und das Wichtigste: Haben Sie Spaß daran!

**122**  Genießen Sie die schöne Umgebung und haben Sie Spaß an Ihrem Spiel!

# Glossar

**Abschlag** 1. Kurz gemähte Rasenfläche am Anfang eines jeden → Lochs; s. auch → Tee. 2. Der erste Schlag auf einer Bahn.

**Albatross** Drei Schläge unter → Par an einem Loch.

**Annäherungsgrün** Übungsgrün für das Trainieren von → Annäherungs- und → Bunkerschlägen; s. auch → Pitchinggrün.

**Annäherungsschlag** Dazu zählen alle von einer Stelle außerhalb des → Grüns ausgeführten Schläge, die den Ball auf das Grün und nahe zum → Loch bringen sollen.

**Approach Wedge** Kurzer Schläger mit viel → Loft (ca. 52°), der für → Annäherungsschläge verwendet wird; s. auch → Middle Wegde und → Gap Wedge.

**Balata-Bälle** Golfbälle mit sehr weicher Oberfläche, die viel Drall annehmen.

**Ballmarker** Kleiner, flacher, runder Gegenstand, mit dem die Position des Balls auf dem → Grün gekennzeichnet wird.

**Baseball grip** Griffhaltung, bei der alle 10 Finger am Schlägergriff anliegen; s. auch → Zehn-Finger-Griff.

**Birdie** Ein Schlag unter → Par an einem Loch.

**Blade** Klassische Form des Schlägerkopfes bei den → Eisen.

**Bogey** Ein Schlag über → Par an einem Loch.

**Break** Der Ball auf dem Grün rollt nicht gerade, sondern in einem Bogen.

**Brutto-Ergebnis** Gesamtzahl aller Schläge auf 18 → Löchern ohne Berücksichtigung einer Vorgabe.

**Bunker** Eine mit Sand gefüllte Vertiefung auf oder an den Bahnen.

**Bunkerschlag** Besondere Schwungtechnik für kurze, hohe Schläge aus → Sandhindernissen.

**Cavity back** Besondere – Fehler verzeihende – Form des Schlägerkopfes bei den → Eisen.

**Chip** Kurzer, flacher → Annäherungsschlag.

**Chip-Putt** Sehr kurzer, flacher → Annäherungsschlag.

**Clubvorgabe** Bezeichnung für eine → Stammvorgabe von –54 bis –37.

**Distance-Bälle** Golfbälle aus etwas härterem Material, das sich günstig auf die Flugweite auswirkt.

**Divot** Grasnarbe, die bei einem Golfschwung herausgeschlagen wird.

**Double Bogey** Zwei Schläge über → Par an einem Loch.

**Draw** Schlag, bei dem der Ball in einem leichten Bogen von rechts nach links zum Ziel fliegt.

**Driver** Andere Bezeichnung für das → Holz 1. Der Schläger mit dem längsten Schaft und dem geringsten → Loft. Mit ihm können die größten Weiten erreicht werden.

**Driving Range** Übungsanlage für lange Schläge.

**Eagle** Zwei Schläge unter → Par an einem Loch.

**Ehre** Das Recht, als Erster abschlagen zu dürfen.

**Eisen** Schläger für kurze und mittellange Distanzen.

**Etikette** Verhaltensregeln, die einem reibungslosen Spielverlauf, der Sicherheit der Spieler und der Schonung der Golfanlage dienen.

**Fade** Schlag, bei dem der Ball in einem leichten Bogen von links nach rechts zum Ziel fliegt.

**Fairway** Kurz gemähte Spielbahn zwischen → Abschlag und → Grün.

**Fairway-Bunker** → Sandhindernis in oder an den → Fairways.

**Fairwayhölzer** Schläger für lange Distanzen, die nicht nur auf den → Abschlägen, sondern auch auf den → Fairways zum Einsatz kommen.

**Flight** Gruppe von maximal 4 Spielern.

**Fore** Warnruf bei fehlgelenkten Bällen, die andere Personen treffen könnten.

**Gap Wedge** Andere Bezeichnung für das → Approach Wedge; s. auch → Middle Wedge.

**Greenfee** Gebühr für die Benutzung des Golfplatzes.

**Grün** Besonders kurz gemähte und sorgfältig gepflegte Rasenfläche, auf der sich das mit einer Fahne gekennzeichnete → Loch befindet.

**Grün-Bunker** → Sandhindernis in der Nähe des → Grüns.

**Handicap** → Stammvorgabe von –36 und besser.

**High-Spin-Bälle** Golfbälle, die viel Drall annehmen.

**Hölzer** Schläger für lange Distanzen.

**Hook** Flugkurve, bei der der Ball nach links abdreht.

**Interlocking grip** Griffhaltung, bei der sich der Zeigefinger der linken Hand mit dem kleinen Finger der rechten Hand verhakt.

**Kurzes Spiel** Dazu zählen alle Schläge auf dem → Grün und alle → Annäherungsschläge.

**Kurzplatz** Golfplatz, auf dem sich ausschließlich → Par-3-Bahnen befinden.

**Lie** Winkel zwischen Schlägerschaft und Boden bei einer plan aufliegenden Schlägerkopfsohle.

**Lob Wedge** Kurzer Schläger mit sehr viel Loft (ca. 60°).

**Loch** 1. Das mit einer Fahne gekennzeichnete Ziel auf jeder Bahn. 2. Eine andere Bezeichnung für eine Bahn.

**Loft** Neigungswinkel der Schlagfläche eines Schlägers.

**Low-Spin-Bälle** Golfbälle, die etwas weniger Drall annehmen. Dadurch ist ein kurvenfreier Ballflug leichter zu erreichen.

**Middle Wedge (Mittel-Wedge)** Andere Bezeichnung für das → Approach Wedge; s. auch → Gap Wedge.

**Netto-Ergebnis** Die auf 18 → Loch erreichte Schlagzahl nach Abzug der für den Spieler ermittelten Vorgabe.

**Offener Stand** Stand, bei dem der linke Fuß etwas von der Ziellinie zurück gesetzt ist.

**Overlapping grip** Griffhaltung, bei der der kleine Finger der rechten Hand auf dem Spalt zwischen Zeige- und Mittelfinger der linken Hand liegt.

**Par** Abkürzung für → **P**rofessional **A**verage **R**esult. Par 3: Eine Bahn, auf der ein → Pro im Durchschnitt 3 Schläge benötigt; Par 4: Eine Bahn, auf der ein → Pro im Durchschnitt 4 Schläge benötigt; Par 5: Eine Bahn, auf der ein → Pro im Durchschnitt 5 Schläge benötigt.

**Pitch** Hoher → Annäherungsschlag.

**Pitchgabel** Kleines Werkzeug zum Ausbessern von Einschlaglöchern auf dem → Grün.

**Pitching Wedge** Kurzer Schläger mit viel Loft (ca. 48°).

**Pitchinggrün** → Annäherungsgrün.

**Pitchmarke** Einschlagloch, das der Ball bei seiner Landung auf dem → Grün hinterlässt.

**Platzreife** Berechtigung zum selbständigen Spielen auf dem Golfplatz.

**Pro** Kurzform von → **Pro**fessional = Golfprofi.

**Pull** Flugkurve, bei der der Ball nach links startet und in gerader Linie weiterfliegt.

**Pull-Hook** Flugkurve, bei der der Ball nach links startet und nach links abdreht.

**Pull-Slice** Flugkurve, bei der der Ball nach links startet und nach rechts abdreht.

**Push** Flugkurve, bei der der Ball nach rechts startet und in gerader Linie weiterfliegt.

**Push-Hook** Flugkurve, bei der der Ball nach rechts startet und nach links abdreht.

**Push-Slice** Flugkurve, bei der der Ball nach rechts startet und nach rechts abdreht.

**Putt** Schlag, bei dem der Ball nur rollt.

**Putter** Schläger, der den Ball nicht fliegen, sondern nur rollen lässt.

**Puttinggrün** Übungsgrün mit mehreren Übungslöchern für das Trainieren des → Putts.

**Range** Kurzform von → Driving Range.

**Rangebälle** Übungsbälle, die der Golfclub gegen Gebühr zur Verfügung stellt.

**Rangefee** Gebühr für die Benutzung der Übungsanlagen.

**Release** Das »Freigeben« des Schlägers in der Phase des Treffmoments.

**Reverse overlapping grip** Eine beim → Putt und beim → Chip-Putt verwendete Griffhaltung, bei der

der linke Zeigefinger die Finger der rechten Hand überlappt.

**Rough** Hohes Gras links und rechts neben den → Fairways.

**Sandhindernis** → Bunker.

**Sand Wedge** Kurzer Schläger mit viel → Loft und einer speziellen Sohlenkonstruktion, die ihn besonders geeignet für den → Bunkerschlag macht.

**Score** Andere Bezeichnung für die an einem → Loch oder auf der gesamten Runde benötigte Schlagzahl.

**Scorekarte** Zählkarte, auf der die benötigte Schlagzahl (→ Score) eingetragen wird.

**Slice** Flugkurve, bei der der Ball nach rechts abdreht.

**Soft-Spikes** Stifte aus Kunststoff an den Sohlen der Golfschuhe, die für einen stabileren Stand sorgen.

**Spiegelei** Tief eingebohrte Lage des Balls im Sand, bei der sich ein Krater um den Ball herum gebildet hat.

**Stammvorgabe** Sie wird auf der Grundlage der zuletzt erspielten Turnierergebnisse errechnet und drückt die Spielstärke eines Golfspielers aus.

**Surfbrett-Effekt** Ein durch die spezielle Sohlenkonstruktion des → Sand Wedge erreichter Gleiteffekt im Sand.

**Sweet spot** Ein Punkt auf der Schlagfläche, an dem die Energie optimal auf den Ball übertragen wird.

**Tee** 1. Kleiner Holzstift, auf dem der Ball abgelegt wird. 2. Andere Bezeichnung für die Abschlagsfläche.

**Triple Bogey** Drei Schläge über → Par an einem Loch.

**Vorgrün** Eine ca. einen Meter breite Rasenfläche rund um das → Grün, auf der der Rasen nicht ganz so kurz gemäht ist wie auf dem Grün.

**Wasserhindernis** Natürlich oder künstlich angelegter Wasserlauf oder Teich auf dem Golfplatz.

**Wedge** Kurzer Schläger mit viel Loft. Es gibt das → Approach Wedge (= Middle Wedge, Gap Wedge), das → Lob Wedge, das → Pitching Wedge und das → Sand Wedge.

**Zehn-Finger-Griff** → Baseball grip.

**Ziellinie** Gedachte Linie vom Ball zum angespielten Ziel.

---

**Robert Hamster,** Jahrgang 1969, ist seit 1993 Golf-Professional. Der Autor ist Inhaber des Golflehrer-Diploms der Professional Golfers Association (PGA) of Germany und der C-Trainer-Lizenz des Deutschen Golfverbandes. Sein Hauptaugenmerk gilt dem Golfunterricht. Neben seiner Lehrtätigkeit nimmt er an der German PGA Tour teil. Seit dem Jahr 2000 arbeitet Robert Hamster als Golflehrer im Golfclub Bergkramerhof in Wolfratshausen bei München. Weitere Informationen unter www.golfhamster.de

**Danksagung**

Mein besonderer Dank gilt meinem Schüler Berni Neumann, der mit mir zusammen die Fototermine wahrgenommen hat. Die Aufnahmen sind auf der Golfanlage Bergkramerhof in Wolfratshausen entstanden. Die Golf-Ausstattung hat Werner Reinhardt von Callaway Golf zur Verfügung gestellt. Auch dafür herzlichen Dank. Und nicht zuletzt danke ich meiner Frau Christine für die große Unterstützung.

**Hinweis**
Das vorliegende Buch wurde sorgfältig erarbeitet. Dennoch erfolgen alle Angaben ohne Gewähr. Weder Autor noch Verlag können für eventuelle Nachteile und Schäden, die aus den im Buch vorgestellten Informationen und Übungen resultieren, eine Haftung übernehmen.

Bibliografische Information
Der Deutschen Bibliothek
Die Deutsche Bibliothek verzeichnet diese Publikation in der Deutschen Nationalbibliografie; detaillierte bibliografische Daten sind im Internet über http://dnb.ddb.de abrufbar.

BLV Verlagsgesellschaft mbH
München Wien Zürich
80797 München

© 2003 BLV Verlagsgesellschaft mbH, München

Lektorat: Edith Ch. Kiel
Layoutkonzept: Sabine Fuchs
Layout: Walter Werbegrafik, Gundelfingen
Satz: DTP-Design Walter, Gundelfingen
Herstellung: Peter Rudolph
Einbandgestaltung:
Joko Sander Werbeagentur, München
Umschlagfotos: Ulli Seer
Druck und Bindung: Stalling GmbH, Oldenburg

Gedruckt auf chlorfrei gebleichtem Papier

Alle Fotos von Ulli Seer, außer:
Getty Images (Brian Bahr): S. 2/3
Getty Images (Scott Halleran): S. 6/7
Getty Images (Ross Kinnaird): S. 124/125
Grafiken: Jörg Mair, Herrsching

Printed in Germany · ISBN 3-405-16446-X